LOW CARB

Alle Rezepte in diesem Buch sind sowohl für den Monsieur Cuisine édition plus, den Monsieur Cuisine connect, den Monsieur Cuisine trend als auch den Monsieur Cuisine smart geeignet.

Die Angabe der Maschineneinstellungen in den Rezepten (z.B. **Linkslauf/20 Minuten/100 °C/Stufe 1**) sind auf den Monsieur Cuisine édition plus ausgerichtet. Wenn Sie einen Monsieur Cuisine connect, Monsieur Cuisine trend oder Monsieur Cuisine smart besitzen, stellen Sie die letzten beiden Positionen der Maschineneinstellungen in umgekehrter Reihenfolge an Ihrem Gerät ein: **Linkslauf/20 Minuten/ Stufe 1/100 °C**.

Symbole Infoleiste

 Portionen  Schwierigkeitsgrad  durchschnittliche Nährwerte 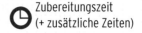 Zubereitungszeit (+ zusätzliche Zeiten)

Wichtige Hinweise zum Buch

- Die angegebenen Backofentemperaturen beziehen sich immer auf einen Elektroherd mit Ober- und Unterhitze. Falls Sie mit Umluft arbeiten, reduzieren Sie die angegebene Temperatur um 20 °C.
- Wenn nicht anders erwähnt, werden die Speisen immer auf der mittleren Einschubleiste im Backofen gebacken.
- Wenn bei Backformen kein Durchmesser angegeben ist, beziehen sich die Teigmengen für Kuchen, Torten und Quiches auf Formen mit 26 cm Durchmesser.
- Bei den hier angegebenen Geräteeinstellungen handelt es sich um Richtlinien, an denen Sie sich orientieren können. Je nach Größe und Reifegrad von Obst und Gemüse können sich jedoch geringfügige Abweichungen ergeben. Auch Ihr persönlicher Geschmack muss berücksichtigt werden. Variieren Sie also hier nach eigenem Belieben.
- Die Gewichtsangabe bei Obst und Gemüse bezieht sich stets auf das ungeputzte Rohgewicht der Ware.
- Herstellung von 500 ml Brühe: 500 ml Wasser und 1 Brühwürfel (oder 2 Tl Brühepulver oder 1-2 El selbst gemachtes Brühekonzentrat)

Abkürzungen

cm = Zentimeter	g = Gramm	kJ = Kilojoule	P. = Päckchen
E = Eiweiß	kcal = Kilokalorien	l = Liter	TK = Tiefkühlprodukt
El = Esslöffel	kg = Kilogramm	ml = Milliliter	Tl = Teelöffel
F = Fett	KH = Kohlenhydrate	Msp. = Messerspitze	Ø = Durchmesser

Bildnachweis

Rezeptfotos: TLC Fotostudio
Symbole Infoleiste (Schüssel, Kochmütze und Waage): © rashadashurov - Fotolia.com
Hintergrund (Stoff): © Dmytro Synelnychenko - Fotolia.com

INHALT

Low Carb mit dem
MONSIEUR CUISINE

Sie möchten auf sanfte Weise Ihr Wohlfühlgewicht erreichen und halten? Dann ist Low Carb genau das Richtige für Sie! Denn mit einer kohlenhydratarmen Ernährung rücken Sie überflüssigen Kilos effektiv zu Leibe. In diesem Kochbuch finden Sie viele abwechslungsreiche Gerichte mit wenig Kohlenhydraten, die sich mit Ihrem Monsieur Cuisine kinderleicht herstellen lassen. Bevor es mit den Rezepten losgeht, möchten wir Ihnen mit dieser Einleitung noch ein paar nützliche Tipps und Informationen an die Hand geben.

SCHLANKMACHER LOW CARB

„Low Carb" stammt aus dem Englischen. „Carb" steht dabei für „Carbohydrates" und bedeutet „Kohlenhydrate". Low Carb heißt also nichts anderes als „wenig Kohlenhydrate". Kohlenhydrate sind für den Körper eine wichtige Energiequelle. Doch sind Kohlenhydrate nicht gleich Kohlenhydrate. Kurzkettige Kohlenhydrate, wie Zucker und Weißmehl, werden vom Körper rasch zersetzt, der Blutzuckerspiegel rast in die Höhe und sinkt danach rapide in den Keller. Die Folge: Heißhunger! Ein Teufelskreis entsteht: Diese Kohlenhydrate steigern das Verlangen nach „immer mehr" und begünstigen dadurch Übergewicht mit seinen Begleit- und Folgeerkrankungen wie Diabetes mellitus, Bluthochdruck und Herz-Kreislauf-Beschwerden. Langkettige Kohlenhydrate hingegen, wie sie in Ballaststoffen enthalten sind, können vom Körper nicht so schnell zersetzt werden. Sie werden erst nach und nach durch die Verdauungsenzyme abgebaut und freigesetzt – so bleibt der Blutzuckerspiegel von hohen Schwankungen verschont und Sie bleiben zudem länger satt.

Wer kurzkettige Kohlenhydrate reduziert und seinen Teller mit magerem Protein und guten Fettquellen füllt, kann damit Übergewicht bekämpfen und Gewicht verlieren. Doch es gibt noch einen weiteren Grund, warum Low Carb so gut funktioniert: Insulin! Insulin ist ein körpereigenes Hormon, das ausgeschüttet wird, wenn Zuckermoleküle ins Blut gelangen. Sobald sich Insulin im Blut befindet, wird kein Fett mehr abgebaut, da die bevorzugte Energieform des Körpers Zucker ist. Ist der Zucker aus dem Blut verschwunden, greift der Körper auf die Zuckerdepots in Form von Glykogen in Muskeln und der Leber

zurück. Und erst, wenn auch die Vorräte erschöpft sind, greift der Körper die Fettdepots an, denn es ist für den Körper sehr mühsam Fett so umzubauen, dass er dieses als Energie für sich nutzen kann. Deshalb gilt: Solange Insulin im Blut verfügbar ist, sind die Fettreserven blockiert.

KOHLENHYDRATE

Wenn Sie Kohlenhydrate reduzieren möchten, müssen Sie wissen, worin sich diese befinden, teilweise gar verstecken. Dabei helfen zwei einfache Faustregeln: Vermieden werden sollten zu viele Kohlenhydrate aus Zucker, Stärke, Getreide und Teigwaren. Vorsicht ist auch bei vielen Obstsorten geboten, die Kohlenhydrate in Form von Fruchtzucker enthalten. Zugegriffen werden darf bei Fleisch, Fisch, naturbelassenen Milchprodukten, naturbelassenen Sojaprodukten, Seitan, Eiern, Nüssen und Samen, Öl und grünem Gemüse wie etwa grüne Bohnen, Gurke oder Mangold.

LOW-CARB-ANSÄTZE

Low Carb ist nicht gleich Low Carb. Es gibt vielmehr verschiedene Ansätze, die sich vor allem hinsichtlich der erlaubten Kohlenhydratmenge unterscheiden. Während die Mutter aller Low-Carb-Diäten, die Atkins-Diät, einen Kohlenhydratanteil von nur 15 % vorsah, gehen die meisten heutigen Empfehlungen mit der Kohlenhydratmenge moderater um. Eine Variante von Low Carb sieht eine Kohlenhydratmenge von 70–120 g pro Tag vor. Wieder andere Varianten, wie die LOGI-Methode, berücksichtigen nicht nur die Kohlenhydratmenge, sondern auch die Geschwindigkeit in der die aufgenommenen Kohlenhydrate den Blutzuckerspiegel erhöhen, da ein schnell in die Höhe schießender Blutzuckerspiegel auch mit einer hohen Insulinausschüttung einhergeht. Eine weitere kohlenhydratmodifizierte Ernährung sieht nur abends eine Low-Carb-Mahlzeit vor. Der Gedanke dahinter: Wer abends keine Kohlenhydrate isst, zwingt den Körper dazu, nachts zuerst die Kohlenhydratspeicher zu leeren und für weitere Energiegewinnung Fett zu verbrennen.

Diesem Buch liegt eine kohlenhydratmodifizierte Ernährung mit einem Kohlenhydratanteil von unter 40 % am Tag zugrunde, d. h. maximal 40 % der Gesamtkalorien pro Tag werden durch Kohlenhydrate zugeführt (der Rest entfällt auf Fette und Proteine). Das lässt sich gut durchhalten, ist im Alltag einfach umzusetzen und dennoch klappt das Abnehmen besser, weil durch die geringeren Insulinmengen der Fettabbau ermöglicht wird. Kohlenhydrate enthalten ca. 4 kcal pro Gramm. Das bedeutet: Bei einer Gesamtkalorienaufnahme von beispielsweise 1200 kcal täglich machen Kohlenhydrate 120 g aus, bei einer Gesamtkalorienaufnahme von 1800 kcal am Tag liegt die empfohlene Kohlenhydratmenge bei 180 g. Am einfachsten behalten Sie die Kontrolle, wenn Sie bei jeder Mahlzeit darauf achten, dass der Kohlenhydratanteil unter 40 % liegt. Wer abnehmen möchte, sollte zudem darauf achten, proteinreich zu essen, da Proteine lang anhaltend sättigen.

Am besten Sie verschwenden gar nicht so viele Gedanken an das, was Sie nicht mehr dürfen! Damit die neuen Lebensmittel in Ihrem geänderten Speiseplan bald zur Routine werden, konzentrieren und freuen Sie sich lieber auf und über das, was ab jetzt auf Ihren Teller kommt. Denn mit den richtigen Rezepten macht Low Carb auch kulinarisch betrachtet sehr viel Spaß!

KOCHEN MIT DEM MONSIEUR CUISINE

Der Monsieur Cuisine ist ein wahres Multitalent. Die Küchenmaschine eignet sich hervorragend für die schnelle und schonende Verarbeitung der frischen Low-Carb-Zutaten. So bleiben alle gesunden Inhaltsstoffe erhalten. Er ersetzt viele Geräte, die ansonsten nur unnötig Platz in Ihrer Küche einnehmen würden. Ob Zerkleinern, Pürieren, Mixen, Rühren, Schlagen, Emulgieren, Dämpfen, Dünsten oder Garen: Alles erledigt der Monsieur Cuisine auf Knopfdruck und sowohl warme als auch kalte Gerichte lassen sich in kürzester Zeit einfach herstellen - dank integrierter Heizfunktion und einstellbarer Temperatur kein Problem. Vor allem durch die Möglichkeit, im Monsieur Cuisine gleichzeitig auf mehreren Ebenen zu garen, lassen sich komplette Gerichte in einem Arbeitsablauf zubereiten. So sparen Sie Zeit und Energie.

Dieses Buch versteht sich nicht als Bedienungsanleitung. Sie liegt Ihrem Gerät gesondert bei und sollte von Ihnen aufmerksam gelesen werden. Dennoch möchten wir Ihnen nachfolgend ein paar generelle Tipps geben, die Ihnen bei der Benutzung des Monsieur Cuisine und dem Nachkochen der Rezepte hilfreich sein werden. In jedem unserer Rezepte sind die einzelnen Arbeitsschritte mit entsprechenden Maschineneinstellungen detailliert angegeben, damit alles gut gelingt. Dabei sind die Einstellungen und Zeitangaben Richtwerte, die je nach Konsistenz, Reifegrad oder Größe der einzelnen Lebensmittel leicht variieren können.

TIPPS & TRICKS ZUM GENERELLEN UMGANG MIT DEM GERÄT

- Wählen Sie einen standfesten und freien Arbeitsplatz als Standort für den Monsieur Cuisine.
- Der Mixbehälter sollte vor dem ersten Arbeitsgang immer sauber, fettfrei, trocken und maximal zimmerwarm sein. Fett lässt sich besonders gut durch einen Spritzer Zitronensaft oder -konzentrat aus dem Mixbehälter entfernen.
- Beachten Sie unbedingt die maximalen Füllmengen bei Ihrem Monsieur Cuisine.
- Beachten Sie, dass der Messbecher bei eingeschalteter Heizfunktion heiß wird und dass bei der Zugabe weiterer Zutaten durch die Einfüllöffnung möglicherweise heißer Dampf entweichen kann.
- Es empfiehlt sich, die zerkleinerten oder aufgeschlagenen Lebensmittel zwischen den Arbeitsschritten mit dem Spatel an der Innenwand des Mixbehälters nach unten zu schieben. Dies ist insbesondere nötig, wenn kleinere Mengen zerkleinert und anschließend angedünstet werden sollen.

FUNKTIONEN IM ÜBERBLICK

Zerkleinern und Pulverisieren

Das Zerkleinern von Zutaten gehört zur Vorbereitung vieler Gerichte einfach dazu. Oft nimmt genau diese Vorbereitung sehr viel Zeit in Anspruch. Ab jetzt erledigt Ihr Monsieur Cuisine diese Tätigkeiten in einem Bruchteil der Zeit. Vor allem die Turbo-Taste an Ihrem Gerät eignet sich für das rasche Zerkleinern von Lebensmitteln. Am Anfang benötigen Sie sicherlich etwas Übung damit, aber bereits nach kurzer Zeit haben Sie den Dreh raus und kennen Ihre ganz persönlichen Einstellungen, um zum gewünschten Ergebnis zu kommen.

3 wichtige Regeln

• Lernen Sie den Monsieur Cuisine kennen und beginnen Sie mit dem Zerkleinern auf kleiner Stufe und mit kurzen Zeitintervallen, bis die gewünschte Konsistenz erreicht ist. So können Sie – unabhängig von unseren Rezeptvorgaben – die für Sie am besten geeignete Zeit und Stufe beim Zerkleinern festlegen.

• Hitzeempfindliche Lebensmittel, wie z. B. Käse, Nüsse und Schokolade immer zu Beginn eines Kochvorgangs zerkleinern, dann ist der Mixbehälter noch trocken und kühl.
• Wenn eine größere Menge zerkleinerter harter Lebensmittel, wie z. B. Nüsse benötigt wird, empfiehlt es sich, den Zerkleinerungsvorgang in Teilmengen vorzunehmen. So erhalten Sie ein gleichmäßiges Ergebnis.

Pürieren, Rühren und Aufschlagen

Egal ob frische Früchte oder vorgegartes Gemüse, mit Ihrem Monsieur Cuisine können Sie beides im Handumdrehen pürieren, ohne das Mixgut umzufüllen oder ein zusätzliches Küchengerät zur Hand zu nehmen. Auch beim Rühren und Aufschlagen von kalten oder warmen Saucen und Cremes laufen Sie von nun an nicht mehr Gefahr, etwas anbrennen zu lassen oder nicht schnell genug aufzuschlagen, um ein luftiges Ergebnis zu erzielen.

tung vieler Speisen beginnt mit dem Andünsten oder Anbraten von Wurzelgemüse, Zwiebeln oder Knoblauch in Öl oder Butter. Nutzen Sie dafür bei Ihrem Monsieur Cuisine die Anbrat-Taste. Durch diesen Vorgang entwickeln sich Röstaromen, die vielen Rezepten erst den richtigen Pfiff geben.

Ein Vorteil der Küchenmaschine Monsieur Cuisine ist das Garen auf mehreren Ebenen. Durch die Verwendung des Kocheinsatzes im Mixbehälter lassen sich Beilagen wie Kartoffeln, Nudeln oder Reis oft ohne großen Aufwand mitkochen. Bitte beachten Sie beim Kochen von Reis oder Nudeln immer auch die Garzeit auf der Packung, da diese von Sorte zu Sorte unterschiedlich sein kann.

5 wichtige Regeln

- Luftiges Aufschlagen für Eiweiß oder Schlagsahne gelingt perfekt mit dem eingesetzten Rühraufsatz.
- Zum cremigen Aufschlagen (z.B. von Smoothies) empfiehlt es sich, ohne Rühraufsatz zu arbeiten. Gute Ergebnisse erreichen Sie bei Einstellung von Stufe 8 und wenn die Masse mindestens 30 Sekunden oder länger aufgeschlagen wird.
- Bitte benutzen Sie den Rühraufsatz nur, wenn es das Rezept vorsieht.
- Wenn alle Lebensmittel die gleiche Temperatur haben, klappt das Emulgieren am besten.
- Bei der Verwendung von großen und heißen Flüssigkeitsmengen schalten Sie Ihren Monsieur Cuisine bitte stufenweise hoch. Dadurch wird ein Herausspritzen und Überschwappen bei größeren Flüssigkeitsmengen vermieden.

Kochen und Dünsten

Die Zubereitung klassischer Alltagsgerichte, Beilagen und Saucen ist dank der integrierten Kochfunktion des Monsieur Cuisine kein Problem. Die Zuberei-

2 wichtige Regeln

- Bei empfindlichen Gerichten, die nur gerührt, aber nicht zerkleinert werden sollen, empfiehlt sich sanftes Rühren auf Stufe 1 oder, noch besser, der Linkslauf.
- Um Schaumbildung beim Kochen von Nudeln, Reis oder Linsen zu vermeiden, geben Sie 1 Tl Butter oder Öl ins Kochwasser.

Schonendes Garen mit Dampf

Die Zubereitung von Lebensmitteln mit heißem Wasserdampf garantiert ein sehr schonendes Garen der Speisen. Vitamine und Aromen bleiben erhalten und die Gerichte schmecken so aromatischer. Auf die Zugabe von Salz kann verzichtet werden, zudem werden Fett und somit auch überflüssige Kalorien gespart. Dies bildet die Grundlage für eine gesunde Ernährung. Der Monsieur Cuisine mit seiner Dampfgar-Taste gestattet diese schonende Garmethode.

6 wichtige Regeln

• Das Gargut gleichmäßig im Dampfgaraufsatz verteilen und dabei einige Schlitze frei lassen, damit der Dampf sich frei verteilen kann. Nur so ist gewährleistet, dass alle Zutaten gleichmäßig gegart werden.

• Beim Dampfgaren von Fisch und Fleisch empfiehlt es sich, den Dampfgaraufsatz mit einem angefeuchteten Stück Back- oder Pergamentpapier auszulegen oder aber leicht zu fetten, damit die Speisen nicht am Aufsatz anhaften. Wichtig: Einige Schlitze müssen frei bleiben, sodass der Dampf zirkulieren kann.

• Wählen Sie für Zutaten mit kürzerer Garzeit den flachen Dampfgareinsatz.

• Je nach Größe, Dicke, Reifegrad und Konsistenz des Garguts kann die Garzeit von den Angaben im Rezept etwas abweichen.

• Zum Dampfgaren den Mixbehälter immer mit genügend Flüssigkeit (mindestens 500 ml beim Dampfgaren im Kocheinsatz, 1 l beim Dampfgaren im Dampfgaraufsatz) füllen. Die Flüssigkeit (z. B. Wasser oder Brühe, je nach Rezept) wird auf 120 °C erhitzt, Dampf entsteht, dieser steigt nach oben auf und zirkuliert im Dampfgaraufsatz.

• Wo Wasserdampf austritt, wird es heiß. Achten Sie also darauf, dass der Monsieur Cuisine frei steht, sodass austretender Dampf problemlos entweichen kann. Sicher ist sicher: Benutzen Sie immer Topflappen zum Anfassen des Dampfgaraufsatzes und heben Sie den Deckel stets in die Ihnen abgewandte Richtung ab.

DER BESONDERE TIPP

Verwenden Sie die Dampfgarflüssigkeit zur Herstellung von Saucen - so werden diese besonders aromatisch.

Nehmen Sie sich Zeit die verschiedenen Facetten Ihrer neuen Küchenmaschine Monsieur Cuisine genau kennenzulernen. Die vielfältigen Einsatzmöglichkeiten in der Küche lassen sich am besten im täglichen Gebrauch erproben. Die Rezepte in diesem Kochbuch bieten Ihnen dazu viele Ideen zu köstlichen Gerichten.

Wir wünschen Ihnen viel Freude und gutes Gelingen beim Kochen mit Ihrem Monsieur Cuisine.

Heiß geliebt!

SUPPEN
& EINTÖPFE

Paprikasuppe
MIT CASHEWPASTE

 Für 4 Portionen   Einfach   Pro Portion ca. 277 kcal/1160 kJ
10 g E, 21 g F, 13 g KH   Fertig in: 41 Min.
Zubereitung: 10 Min. (+ 31 Min. Garen)

ZUTATEN

FÜR DIE CASHEWPASTE
30 g Cashewkerne
5 Stängel Thymian
50 g Parmesan

FÜR DIE SUPPE
1 kleine rote Zwiebel (50 g)
2 El Olivenöl
3 rote Paprikaschoten (400 g)
1 l warme Gemüsebrühe
30 g Cashewmus
Salz und Pfeffer
  zum Abschmecken

■ Für die Cashewpaste die Cashewkerne in einer Pfanne ohne Fett rösten, bis sie anfangen zu bräunen und aromatisch duften. Den Thymian waschen, trocken schütteln, die Blättchen abzupfen, dann zusammen mit dem Parmesan und den Cashews in den Mixbehälter geben. Alles mit eingesetztem Messbecher **30 Sekunden/Stufe 5** zu einer mittelfeinen Paste mixen. Umfüllen und den Mixbehälter gründlich reinigen.

■ Für die Suppe die Zwiebel schälen, in den Mixbehälter geben und mit eingesetztem Messbecher mit der **Turbo-Taste/2 Sekunden** fein zerkleinern. Das Öl dazugeben und die Zwiebel ohne eingesetzten Messbecher mit der **Anbrat-Taste/ 2 Minuten/120 °C** andünsten.

■ Die Paprika halbieren, putzen, entkernen, innen und außen waschen, in grobe Stücke schneiden und zu den Zwiebeln in den Mixbehälter geben. Mit eingesetztem Messbecher **6 Sekunden/Stufe 5** zerkleinern, dann alles ohne eingesetzten Messbecher mit der **Anbrat-Taste** dünsten. Die warme Gemüsebrühe sowie das Cashewmus dazugeben und die Suppe ohne eingesetzten Messbecher **15 Minuten/100 °C/Stufe 1** kochen. Anschließend die Suppe mit eingesetztem Messbecher **2 Minuten/Stufe 5–9** schrittweise ansteigend pürieren. Mit Salz und Pfeffer abschmecken. Die Suppe mit der Cashewpaste servieren.

TIPP
Für noch weniger Kohlenhydrate verwenden Sie anstelle der Cashewkerne Erdnüsse oder Macadamianüsse.

Zucchinisuppe
MIT ZIEGENFRISCHKÄSE

 Für 4 Portionen   Einfach 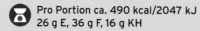 Pro Portion ca. 490 kcal/2047 kJ
26 g E, 36 g F, 16 g KH Fertig in: 41 Min.
Zubereitung: 15 Min. (+ 26 Min. Garen)

ZUTATEN

1 Bund frische Minze
1 Zwiebel (70 g)
4 El Olivenöl
2 El Butter
2 Zucchini (500 g)
½ Tl Salz
300 g Erbsen (TK)
1 l heiße Geflügelbrühe
1 Kästchen frische Kresse
Pfeffer zum Abschmecken

AUSSERDEM

30 g Mandelblättchen
50 g Ziegenfrischkäse

■ Die Minze waschen, trocken schütteln, die Blättchen abzupfen und in den Mixbehälter geben. Mit eingesetztem Messbecher mit der **Turbo-Taste/2 Sekunden** fein zerkleinern und umfüllen. Den Mixbehälter ausspülen.

■ Die Zwiebel schälen, halbieren, in den Mixbehälter geben und mit eingesetztem Messbecher mit der **Turbo-Taste/2 Sekunden** zerkleinern. Mit dem Spatel an der Innenwand des Mixbehälters nach unten schieben. Olivenöl und Butter dazugeben, zunächst ohne eingesetzten Messbecher **2 Minuten/60 °C/Stufe 2** die Butter zum Schmelzen bringen, dann die Zwiebel ohne eingesetzten Messbecher mit der **Anbrat-Taste/2 Minuten/120 °C** andünsten. Die Zucchini waschen, putzen, in grobe Stücke schneiden und in den Mixbehälter geben. Mit eingesetztem Messbecher **6 Sekunden/Stufe 5** zerkleinern. Mit dem Spatel an der Innenwand des Mixbehälters nach unten schieben. ½ Tl Salz hinzufügen und alles ohne eingesetzten Messbecher mit der **Anbrat-Taste/120 °C** dünsten. Die Erbsen und die Geflügelbrühe zugeben, dann alles mit eingesetztem Messbecher **15 Minuten/100 °C/Stufe 1** köcheln lassen.

■ In der Zwischenzeit die Kresse abschneiden, waschen und trocken schütteln. Die Mandelblättchen in einer Pfanne ohne Fett goldbraun rösten.

■ Nach Ablauf der Garzeit die Suppe mit eingesetztem Messbecher **1 Minute/Stufe 5-9** schrittweise ansteigend pürieren. Mit Salz und Pfeffer abschmecken. Kresse und Minze (etwas Kresse zum Garnieren beiseitestellen) in die Suppe geben und mit eingesetztem Messbecher **20 Sekunden/Stufe 3** unterrühren. Die Suppe mit Ziegenfrischkäse, Mandelblättchen und mit etwas Kresse garniert servieren.

Pilzsuppe
MIT KÜRBISKERNEN

 Für 4 Portionen Einfach 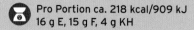 Pro Portion ca. 218 kcal/909 kJ
16 g E, 15 g F, 4 g KH Fertig in: 35 Min.
Zubereitung: 15 Min. (+ 20 Min. Garen)

ZUTATEN

60 g Kürbiskerne
1 Zwiebel (80 g)
400 g Champignons
4 Zweige Thymian
500 g Kräuterseitlinge
1 Tl Olivenöl
700 ml heiße Gemüsebrühe
½ Tl Salz
¼ Tl Pfeffer
140 g saure Sahne (10 % Fett)

■ Die Kürbiskerne in den Mixbehälter geben und ohne eingesetzten Messbecher mit der **Anbrat-Taste** rösten, danach umfüllen und beiseitestellen.

■ Die Zwiebel schälen und vierteln. Die Champignons gründlich säubern, putzen, vierteln und mit den Zwiebeln in den Mixbehälter geben. Mit eingesetztem Messbecher **8 Sekunden/Stufe 6** zerkleinern, dann umfüllen und beiseitestellen.

■ Den Thymian waschen, trocken schütteln und die Blättchen von den Stängeln zupfen. Die Kräuterseitlinge gründlich säubern, putzen, vierteln, in den Mixbehälter geben und mit eingesetztem Messbecher **8 Sekunden/Stufe 6** zerkleinern. Das Olivenöl, die Thymianblättchen und die Champignon-Zwiebel-Mischung dazugeben und alles mit eingesetztem Messbecher **3 Minuten/100 °C/Stufe 1** schmoren. Die heiße Gemüsebrühe, Salz und Pfeffer dazugeben und alles mit eingesetztem Messbecher **15 Minuten/100 °C/Stufe 1** kochen.

■ Die saure Sahne dazugeben und die Suppe mit eingesetztem Messbecher **30 Sekunden/Stufe 3–8** schrittweise ansteigend pürieren. Die Suppe mit den gerösteten Kürbiskernen bestreut servieren.

Möhrensuppe
MIT ZITRONEN-JOGHURT

 Für 4 Portionen   Einfach   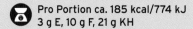 Pro Portion ca. 185 kcal/774 kJ
3 g E, 10 g F, 21 g KH   Fertig in: 35 Min.
Zubereitung: 15 Min. (+ 20 Min. Kochen)

ZUTATEN

120 g griechischer Joghurt
  (10 % Fett)
1 El flüssiger Honig
1 El Zitronensaft
1 kleine Zwiebel (50 g)
2 cm frischer Ingwer
7 Möhren (500 g)
1 säuerlicher Apfel
  (200 g, z. B. Boskop)
3 El Butter
1 l heiße Gemüsebrühe
1 Tl gemahlener Kreuzkümmel
1 Tl Chilipulver
¼ Tl Salz
3 Msp. Pfeffer

AUSSERDEM
½ Kästchen frische Kresse

■ Joghurt, Honig und Zitronensaft in den Mixbehälter geben und mit eingesetztem Messbecher **30 Sekunden/Stufe 3** verrühren, dann umfüllen und bis zur weiteren Verwendung in den Kühlschrank stellen. Den Mixbehälter ausspülen.

■ Die Zwiebel schälen und halbieren. Den Ingwer schälen. Die Möhren waschen, schälen, putzen und in grobe Stücke schneiden. Den Apfel waschen, schälen, das Kerngehäuse entfernen und den Apfel in grobe Stücke schneiden. Alles in den Mixbehälter geben und mit eingesetztem Messbecher **6 Sekunden/Stufe 8** grob zerkleinern. Die Butter dazugeben, ohne eingesetzten Messbecher **2 Minuten/ 60 °C/Stufe 2** zum Schmelzen bringen, anschließend alles ohne eingesetzten Messbecher mit der **Anbrat-Taste/4 Minuten/110 °C** andünsten. Die heiße Gemüsebrühe hinzufügen und alles mit eingesetztem Messbecher **18 Minuten/100 °C/ Stufe 2** kochen.

■ Nach Ende der Kochzeit die Gewürze hinzufügen und die Suppe mit eingesetztem Messbecher **30 Sekunden/Stufe 3–6** schrittweise ansteigend pürieren. Die Kresse abschneiden, waschen und trocken schütteln. Die Suppe mit Zitronen-Joghurt und mit Kresse bestreut servieren.

WÄRMENDE
Käse-Lauch-Suppe

 Für 4 Portionen   Einfach   Pro Portion ca. 413 kcal/1730 kJ
23 g E, 32 g F, 9 g KH   Fertig in: 56 Min.
Zubereitung: 10 Min. (+ 31 Min. Garen,
15 Min. Abkühlen)

ZUTATEN

100 g Emmentaler
2 Zwiebeln (140 g)
1 Knoblauchzehe
2 El Butter
700 g Lauch
1 l warme Gemüsebrühe
300 g Schmelzkäse
   (45 % Fett i. Tr.)
1 Eigelb (Größe L)
Salz und Pfeffer
   zum Abschmecken

■ Den Emmentaler in grobe Stücke schneiden, in den Mixbehälter geben und mit eingesetztem Messbecher **10 Sekunden/Stufe 10** zerkleinern. Umfüllen und den Mixbehälter reinigen.

■ Die Zwiebeln schälen und halbieren. Den Knoblauch schälen. Beides in den Mixbehälter geben und mit eingesetztem Messbecher **8 Sekunden/Stufe 6** zerkleinern. Mit dem Spatel an der Innenwand des Mixbehälters nach unten schieben. Die Butter hinzufügen und ohne eingesetzten Messbecher **2 Minuten/60 °C/Stufe 2** zum Schmelzen bringen. Anschließend Zwiebeln und Knoblauch ohne eingesetzten Messbecher mit der **Anbrat-Taste/2 Minuten/120 °C** in der Butter andünsten.

■ Den Lauch putzen, waschen, längs halbieren und in feine Ringe schneiden, dann in den Mixbehälter geben und alles ohne eingesetzten Messbecher mit der **Anbrat-Taste/120 °C** dünsten. Warme Gemüsebrühe und Schmelzkäse hinzufügen und die Suppe mit eingesetztem Messbecher mit **Linkslauf/20 Minuten/95 °C/Stufe 2** köcheln lassen.

■ Die Suppe etwas abkühlen lassen, bis sie eine Temperatur von maximal 70 °C hat. 2 Esslöffel der Suppenflüssigkeit abnehmen und in ein Schälchen füllen. Das Eigelb hineingeben und glatt verrühren. Die Mischung in die Suppe geben und mit eingesetztem Messbecher mit **Linkslauf/1 Minute/Stufe 3** unterrühren.

■ Den Emmentaler hinzufügen und mit eingesetztem Messbecher mit **Linkslauf/30 Sekunden/Stufe 3** unterheben. Die Suppe nach Belieben mit Salz und Pfeffer abschmecken.

TIPP

Anstelle von Schmelzkäse können Sie auch geschmolzenen Camembert oder Bergkäse verwenden.

Kokossuppe
MIT MÖHRENSPAGHETTI UND GARNELEN

 Für 4 Portionen   Einfach   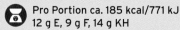 Pro Portion ca. 185 kcal/771 kJ 12 g E, 9 g F, 14 g KH   Fertig in: 52 Min. Zubereitung: 20 Min. (+ 32 Min. Garen)

ZUTATEN

1 Bund glatte Petersilie
8 Möhren (600 g)
1 Zwiebel (70 g)
2 El Olivenöl
500 ml warme Gemüsebrühe
500 ml Kokosmilch
1 Tl gemahlener Koriander
1 Tl gemahlener Kurkuma
¼ Tl Salz
1 Tl Currypulver
½ Tl Cayennepfeffer
200 g rohe küchenfertige Garnelen
½ Tl Johannisbrotkernmehl

■ Die Petersilie waschen, trocken schütteln, die Blätter abzupfen, dann in den Mixbehälter geben und mit eingesetztem Messbecher **8 Sekunden/Stufe 6** zerkleinern. Umfüllen und beiseitestellen. Den Mixbehälter ausspülen.

■ Die Möhren waschen, schälen, putzen und mit einem Spiralschneider in dünne Spaghetti schneiden. Die Möhrenspaghetti im tiefen Dampfgaraufsatz verteilen.

■ Die Zwiebel schälen, halbieren, in den Mixbehälter geben und mit eingesetztem Messbecher mit der **Turbo-Taste/2 Sekunden** zerkleinern. Mit dem Spatel an der Innenwand des Mixbehälters nach unten schieben. Das Olivenöl dazugeben und die Zwiebel ohne eingesetzten Messbecher mit der **Anbrat-Taste/2 Minuten/ 110 °C** andünsten.

■ Warme Gemüsebrühe, Kokosmilch und die Gewürze in den Mixbehälter geben. Die Garnelen im flachen Dampfgareinsatz verteilen. Den tiefen Dampfgaraufsatz mit den Möhrenspaghetti auf den Mixbehälter setzen und verschließen. Die Möhrenspaghetti mit der **Dampfgar-Taste/15 Minuten** garen. Anschließend den flachen Dampfgareinsatz mit den Garnelen einhängen, verschließen und alles mit der **Dampfgar-Taste/15 Minuten** zu Ende garen. Dabei den Aufheizvorgang abbrechen, sodass der Dampfgarprozess umgehend startet. Den kompletten Dampfgaraufsatz abnehmen und beiseitestellen. Das Johannisbrotkernmehl in die Suppe geben und mit eingesetztem Messbecher **20 Sekunden/Stufe 5** einrühren.

■ Die Suppe mit Garnelen und mit Möhrenspaghetti anrichten und mit Petersilie bestreut sofort servieren.

Power-
Food

SALATE
& SNACKS

Wildkräutersalat
MIT KÄSE-MUFFINS

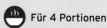 Für 4 Portionen   Einfach   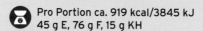 Pro Portion ca. 919 kcal/3845 kJ
45 g E, 76 g F, 15 g KH

Fertig in: 67 Min.
Zubereitung: 20 Min. (+ 20 Min. Backen,
7 Min. Rösten, 20 Min. Abkühlen)

ZUTATEN

FÜR DIE MUFFINS
12 Scheiben Frühstücksspeck
225 g Parmesan
6 Eier (Größe M)
75 g Blauschimmelkäse
150 g Hüttenkäse
1 El Mandelmehl

FÜR DEN SALAT
25 g Pinienkerne
25 g Kürbiskerne
200 g gemischter Wildkräuter-
    salat
2 Avocados (300 g)
½ Bund Radieschen (40 g)
1 Möhre (70 g)
50 g Rote-Bete-Kugeln
    (aus dem Glas)
1 gehäufter El Kirschmarmelade
1 El Essig
4 El Olivenöl
1 Prise Salz
1 Msp. Pfeffer

AUSSERDEM
Butterschmalz für die Form

■ Den Backofen auf 200 °C vorheizen. 12 Muffinblech-Mulden mit Butterschmalz einfetten. Die Ränder der Mulden mit je 1 Scheibe Frühstücksspeck auskleiden.

■ Den Parmesan in 3 cm große Stücke schneiden, in den Mixbehälter geben und mit eingesetztem Messbecher **10 Sekunden/Stufe 10** fein zerkleinern. Eier, Blauschim-melkäse, Hüttenkäse und Mandelmehl dazugeben und alles mit eingesetztem Messbecher **30 Sekunden/Stufe 4** verrühren. Den Teig in die Muffinblech-Mulden gießen und die Muffins im Backofen 20 Minuten backen. Den Mixbehälter gründ-lich reinigen.

■ Während der Backzeit der Muffins Pinien- und Kürbiskerne in den Mixbehälter geben und ohne eingesetzten Messbecher mit der **Anbrat-Taste** rösten, dann umfüllen und beiseitestellen. Den Mixbehälter 20 Minuten abkühlen lassen.

■ Den Wildkräutersalat waschen, trocken schleudern, verlesen und in eine große Schüssel geben. Die Avocados halbieren, den Kern entfernen, das Fruchtfleisch aus der Schale lösen, in Stücke schneiden und zu dem Salat geben. Die Radies-chen waschen und putzen. Die Möhre waschen, schälen, putzen und in grobe Stücke schneiden. Zusammen mit den Radieschen und den Rote-Bete-Kugeln in den Mixbehälter geben und mit eingesetztem Messbecher **6 Sekunden/Stufe 6** zerkleinern. Das Mixgut zum Salat geben und alles vermischen. Den Mixbehälter ausspülen.

■ Für das Dressing Marmelade, Essig, Olivenöl, Salz und Pfeffer in den Mixbehälter geben und alles mit eingesetztem Messbecher **20 Sekunden/Stufe 4** verrühren. Den Salat mit dem Dressing vermischen, mit den Muffins anrichten und mit den Kernen bestreut servieren.

Rotkohlsalat
MIT BLAUSCHIMMELKÄSE

 Für 4 Portionen   Einfach   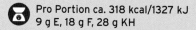 Pro Portion ca. 318 kcal/1327 kJ
9 g E, 18 g F, 28 g KH

Fertig in: 52 Min.
Zubereitung: 15 Min. (+ 7 Min. Rösten,
30 Min. Durchziehen)

ZUTATEN

40 g Kürbiskerne
1 kleiner Rotkohl (800 g)
1 Tl Salz
2 Äpfel (360 g)
2 Möhren (200 g)
50 ml Apfelsaft
4 El Kürbiskernöl
5 El Apfelessig
1 El flüssiger Honig
¼ Tl Pfeffer
100 g Blauschimmelkäse

■ Die Kürbiskerne in den Mixbehälter geben und ohne eingesetzten Messbecher mit der **Anbrat-Taste** rösten, dann umfüllen und beiseitestellen.

■ Den Rotkohl waschen, die äußeren Blätter entfernen, den Kohl vierteln und den Strunk keilförmig herausschneiden. Den Kohl in grobe Stücke schneiden und in 2 Portionen aufteilen. Diese nacheinander in den Mixbehälter geben und jeweils mit eingesetztem Messbecher **6 Sekunden/Stufe 8** fein zerkleinern. Jeweils in eine große Schüssel umfüllen. ½ Tl Salz untermischen.

■ Die Äpfel waschen, vierteln und die Kerngehäuse entfernen. In den Mixbehälter geben und mit eingesetztem Messbecher **6 Sekunden/Stufe 6** zerkleinern, dann zu dem Rotkohl geben. Die Möhren waschen, schälen, putzen und in grobe Stücke schneiden. In den Mixbehälter geben und mit eingesetztem Messbecher **6 Sekunden/Stufe 8** zerkleinern. Ebenfalls zu dem Rotkohl geben. Den Mixbehälter ausspülen.

■ Den Apfelsaft in den Mixbehälter geben und ohne eingesetzten Messbecher **1 Minute/45 °C/Stufe 1** erhitzen. Öl, Essig, Honig, Pfeffer und ½ Tl Salz dazugeben und alles mit eingesetztem Messbecher **10 Sekunden/Stufe 5** verrühren. Das Dressing über den Salat geben und alles gut miteinander vermischen. 30 Minuten durchziehen lassen.

■ Den Blauschimmelkäse zerbröckeln. Den Salat mit Käse und mit Kürbiskernen bestreut servieren.

Lachs-Spargel-Salat
MIT ROTER BETE

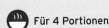 Für 4 Portionen   Einfach   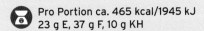 Pro Portion ca. 465 kcal/1945 kJ
23 g E, 37 g F, 10 g KH

Fertig in: 40 Min.
Zubereitung: 25 Min. (+ 15 Min. Garen)

ZUTATEN

4 Frühlingszwiebeln (100 g)
1 kleine milde rote Chilischote
3 El Zitronensaft
1 Tl mittelscharfer Senf
1 Prise Salz
2 Msp. Pfeffer
100 ml Olivenöl
½ Bund frische glatte Petersilie
½ Bund frische Minze
200 g vorgegarte Rote Bete
140 g Radieschen
250 g grüne Spargelspitzen
400 g Lachsfilet
200 g gemischter Blattsalat

■ Für das Dressing Frühlingszwiebeln putzen, waschen, in grobe Stücke schneiden und in den Mixbehälter geben. Chili putzen, halbieren, entkernen, waschen und zu den Frühlingszwiebeln geben. Alles mit eingesetztem Messbecher mit der **Turbo-Taste/2 Sekunden** zerkleinern. Zitronensaft, Senf, Salz, Pfeffer und Olivenöl dazugeben und mit eingesetztem Messbecher mit **Linkslauf/30 Sekunden/Stufe 3** verrühren. Das Dressing umfüllen und beiseitestellen. Den Mixbehälter reinigen.

■ Die Kräuter waschen, trocken schütteln, die Blättchen abzupfen, in den Mixbehälter geben und mit eingesetztem Messbecher **8 Sekunden/Stufe 6** fein zerkleinern. Umfüllen und beiseitestellen.

■ Rote Bete in den Mixbehälter geben, mit eingesetztem Messbecher **4 Sekunden/Stufe 6** zerkleinern. In eine Schüssel umfüllen. Die Radieschen waschen, putzen, in den Mixbehälter geben und mit eingesetztem Messbecher **3 Sekunden/Stufe 6** zerkleinern, dann zu der Roten Bete geben. Den Mixbehälter ausspülen.

■ 1 l Wasser in den Mixbehälter füllen. Die Spargelspitzen waschen und im tiefen Dampfgaraufsatz verteilen. Das Lachsfilet waschen, trocken tupfen, in vier Stücke schneiden und im flachen Dampfgareinsatz verteilen. Den flachen Dampfgareinsatz in den tiefen Dampfgaraufsatz einhängen, den Dampfgaraufsatz auf den Mixbehälter setzen und verschließen. Mit der **Dampfgar-Taste/15 Minuten** garen.

■ Inzwischen den Blattsalat waschen, trocken schleudern und zusammen mit Roter Bete, Radieschen und den Kräutern anrichten. Die Spargelspitzen sowie den in mundgerechte Stücke zerteilten Lachs darauf verteilen. Mit Dressing beträufelt servieren.

Gefüllte Mini-Paprikas
MIT OLIVENPASTE

 Für 4 Portionen Einfach 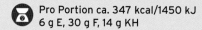 Pro Portion ca. 347 kcal/1450 kJ 6 g E, 30 g F, 14 g KH   Fertig in: 25 Min. Zubereitung: 25 Min.

ZUTATEN

FÜR DIE GEFÜLLTEN PAPRIKAS

400 g bunte Mini-Paprikaschoten
2 Kohlrabi (500 g)
12 getrocknete Tomaten in Öl
  aus dem Glas
8 Stängel Thymian
60 g Macadamianüsse
½ Tl Salz

FÜR DIE OLIVENPASTE

30 g Kapern aus dem Glas
120 g schwarze Oliven ohne Stein
  aus dem Glas
1 Tl Apfelessig
4 El kaltgepresstes Olivenöl
2 Msp. Pfeffer

■ Die Mini-Paprikas waschen, den Stielansatz abschneiden und die Paprikas entkernen. Kohlrabi waschen, schälen und in grobe Stücke schneiden. Die getrockneten Tomaten abtropfen lassen. Thymian waschen, trocken schütteln und die Blättchen von den Stängeln zupfen.

■ Die getrockneten Tomaten in den Mixbehälter geben und mit eingesetztem Messbecher mit der **Turbo-Taste/2 Sekunden** zerkleinern. Mit dem Spatel an der Innenwand des Mixbehälters nach unten schieben. Kohlrabi, Thymianblättchen, Macadamianüsse und Salz in den Mixbehälter geben und alles mit eingesetztem Messbecher **20 Sekunden/Stufe 5** grob pürieren. Die Masse mithilfe eines kleinen Löffels in die Paprikaschoten füllen. Den Mixbehälter gründlich reinigen.

■ Für die Olivenpaste die Kapern und die Oliven gut abtropfen lassen, dann mit Apfelessig, Olivenöl und Pfeffer in den Mixbehälter geben. Alles mit eingesetztem Messbecher **15 Sekunden/Stufe 5** grob pürieren. Die Mini-Paprikas mit der Olivenpaste servieren. Dazu schmeckt Low-Carb-Brot.

Gemüsesticks

MIT ZWEIERLEI DIPS

 Für 4 Portionen   Einfach Pro Portion ca. 349 kcal/1462 kJ 14 g E, 22 g F, 23 g KH Fertig in: 45 Min. Zubereitung: 20 Min. (+ 25 Min. Garen)

ZUTATEN

FÜR DEN BLUMENKOHL-DIP

1 kleiner Blumenkohl (500 g)
1 Knoblauchzehe
3 El Olivenöl
2 El Tahin (Sesampaste)
1 El Zitronensaft
1 Tl Honig
½ Tl Salz
2 Msp. Pfeffer
¼ Granatapfel
2 El frisch gehackte Petersilie

FÜR DIE GEMÜSESTICKS

1 rote Paprikaschote (150 g)
1 Salatgurke (400 g)
1 Kohlrabi (300 g)

FÜR DEN ERDNUSS-DIP

120 g Erdnussmus
Saft von 1 Limette
abgeriebene Schale von
  ½ unbehandelten Limette
1 El Agavendicksaft
¼ Tl Salz
¼ Tl getrocknete Chiliflocken

- Für den Blumenkohl-Dip den Blumenkohl putzen, die Röschen vom Strunk abschneiden, waschen und im tiefen Dampfgaraufsatz verteilen. 1 l Wasser in den Mixbehälter füllen. Den Dampfgaraufsatz auf den Mixbehälter setzen und verschließen. Den Blumenkohl mit der **Dampfgar-Taste/25 Minuten** garen. Den Dampfgaraufsatz abheben, beiseitestellen und den Blumenkohl abkühlen lassen. Den Mixbehälter leeren und kalt ausspülen.

- In der Zwischenzeit für die Gemüsesticks die Paprika putzen, halbieren, entkernen, innen und außen waschen und längs in Streifen schneiden. Die Gurke waschen, putzen und in Stifte schneiden. Kohlrabi waschen, schälen und ebenfalls in Stifte schneiden.

- Für den Blumenkohl-Dip die Knoblauchzehe schälen. Zusammen mit dem abgekühlten Blumenkohl, 2 El Olivenöl, Tahin, Zitronensaft, Honig, Salz und Pfeffer in den Mixbehälter geben und alles mit eingesetztem Messbecher **30 Sekunden/ Stufe 8** fein pürieren. Den Dip in eine Schüssel umfüllen. Den Mixbehälter gründlich reinigen. Die Granatapfelkerne auslösen. Den Blumenkohl-Dip mit dem restlichen Olivenöl beträufeln und mit Granatapfelkernen und mit Petersilie bestreuen.

- Für den Erdnuss-Dip alle Zutaten bis auf die Chiliflocken mit 60 ml Wasser in den Mixbehälter geben und mit eingesetztem Messbecher **45 Sekunden/Stufe 5** zu einer sämigen Konsistenz vermischen. Den Dip in eine Schale füllen und mit den Chiliflocken bestreuen. Die Gemüsesticks mit den beiden Dips servieren.

Gurkenröllchen
MIT THUNFISCH- UND LACHS-CREME

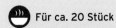 Für ca. 20 Stück   Einfach   Pro Stück ca. 59 kcal/249 kJ
3 g E, 5 g F, 1 g KH   Fertig in: 35 Min.
Zubereitung: 35 Min.

ZUTATEN

2 El Kapern aus dem Glas
90 g Thunfisch aus der Dose
220 g Frischkäse
 (Doppelrahmstufe)
Saft von 1 großen Zitrone
 (120 ml)
1 El gehackter Dill (TK)
Salz und Pfeffer
 zum Abschmecken
90 g Räucherlachs
1 Salatgurke (400 g)

■ Für die Thunfisch-Creme die Kapern abtropfen lassen und fein hacken. Den Thunfisch gut abtropfen lassen, dann mit jeweils der Hälfte der Kapern, des Frischkäses, des Zitronensaftes und des Dills in den Mixbehälter geben. Alles mit eingesetztem Messbecher **30 Sekunden/Stufe 4** vermischen. Mit Salz und Pfeffer nach Belieben abschmecken. Die Creme umfüllen und den Mixbehälter reinigen.

■ Für den Räucherlachs-Dip den Räucherlachs in grobe Stücke schneiden, in den Mixbehälter geben und mit eingesetztem Messbecher **10 Sekunden/Stufe 5** zerkleinern. Mit dem Spatel an der Innenwand des Mixbehälters nach unten schieben. Restlichen Frischkäse, Zitronensaft, Dill sowie die restlichen Kapern in den Mixbehälter geben und alles mit eingesetztem Messbecher **30 Sekunden/Stufe 4** vermischen. Nach Belieben mit Salz und Pfeffer abschmecken.

■ Die Gurke waschen, die Enden abschneiden und die Gurke mit einem Gemüsehobel längs in dünne Streifen schneiden. Jeweils etwa 1 El Füllung auf das Ende eines Gurkenstreifens geben, vorsichtig aufrollen und mit einem Zahnstocher fixieren. Dazu schmeckt Low-Carb-Brot.

MIT FLEISCH
& GEFLÜGEL

Schweinefilet
MIT SPARGEL UND QUINOA

 Für 4 Portionen   Einfach   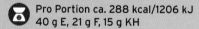 Pro Portion ca. 288 kcal/1206 kJ 40 g E, 21 g F, 15 g KH   Fertig in: 25 Min. Zubereitung: 15 Min. (+ 10 Min. Garen)

ZUTATEN

600 g grüner Spargel
600 g Schweinefilet
¼ Tl Salz
¼ Tl Pfeffer
2 Zwiebeln (150 g)
1 l warme Gemüsebrühe
100 g rotes Quinoa

- ■ Den Spargel waschen, putzen, im unteren Drittel schälen und im tiefen Dampfgaraufsatz verteilen.

- ■ Das Schweinefilet waschen, trocken tupfen und in 8 gleich große Stücke schneiden. Mit Salz und Pfeffer einreiben, dann im flachen Dampfgareinsatz verteilen. Die Zwiebeln schälen, in Ringe schneiden und auf dem Fleisch verteilen.

- ■ Die warme Gemüsebrühe in den Mixbehälter geben. Quinoa unter heißem Wasser abspülen und in die Brühe geben. Den flachen Dampfgareinsatz in den tiefen Dampfgaraufsatz einhängen, den kompletten Dampfgaraufsatz auf den Mixbehälter setzen und verschließen. Alles mit der **Dampfgar-Taste/10 Minuten** garen.

- ■ Nach Ablauf der Garzeit den Dampfgaraufsatz entfernen und beiseitestellen. Den Quinoa gut abtropfen lassen. Quinoa und Spargel mit Salz und Pfeffer abschmecken und zusammen mit den Medaillons und den Zwiebelringen servieren.

Gefülltes Hühnchen
MIT GEMÜSEREIS

 Für 4 Portionen   Mittel   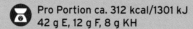 Pro Portion ca. 312 kcal/1301 kJ 42 g E, 12 g F, 8 g KH   Fertig in: 1 Std. 13 Min. Zubereitung: 20 Min. (+ 15 Min. Einweichen, 38 Min. Garen)

ZUTATEN

FÜR DAS HÜHNCHEN

80 g getrocknete Tomaten ohne Öl
2 große Hähnchenbrustfilets (à 300 g)
3 Zweige Oregano
100 g grüne Oliven ohne Stein
2 El Olivenöl zum Braten

FÜR DEN GEMÜSEREIS

1 kleiner Blumenkohl (600 g)
2 Zucchini (300 g)
2 rote Zwiebeln (140 g)
½ Tl Salz
4 Msp. Pfeffer

TIPP

Dazu schmeckt ein frischer Joghurt-Dip! Dafür 200 g griechischen Joghurt (10 % Fett) mit 2 El gehackter Petersilie und 2 El Zitronensaft in den Mixbehälter geben und mit eingesetztem Messbecher **30 Sekunden/Stufe 4** cremig verrühren.

- Die getrockneten Tomaten mit heißem Wasser übergießen und 15 Minuten einweichen.

- In der Zwischenzeit für den Gemüsereis den Blumenkohl putzen, in Röschen teilen, waschen und in den Mixbehälter geben. Mit eingesetztem Messbecher **10 Sekunden/Stufe 5** zerkleinern, sodass eine reisähnliche Konsistenz entsteht. Den Blumenkohlreis im flachen Dampfgareinsatz verteilen und bis zur weiteren Verwendung beiseitestellen. Den Mixbehälter ausspülen.

- Die Hähnchenbrustfilets waschen und trocken tupfen, dann jeweils seitlich eine Tasche hineinschneiden. Den Oregano waschen, trocken schütteln und die Blättchen abzupfen. Die getrockneten Tomaten abgießen und zusammen mit Oregano und Oliven in den Mixbehälter geben. Alles mit eingesetztem Messbecher **8 Sekunden/Stufe 6** grob zerkleinern. Die Olivenmasse in den Hähnchenbrusttaschen verteilen und die Taschen mit kleinen Holzspießen oder Küchengarn verschließen. Den Mixbehälter reinigen.

- Die Zucchini waschen, putzen und in etwa 1 cm große Würfel schneiden. Zwiebeln schälen, halbieren und in Spalten schneiden. Zucchini und Zwiebeln im tiefen Dampfgaraufsatz verteilen. Das Gemüse und den Blumenkohlreis mit je ¼ Tl Salz und 2 Msp. Pfeffer bestreuen.

- 1 l Wasser in den Mixbehälter füllen. Den tiefen Dampfgaraufsatz mit dem Gemüse auf den Mixbehälter setzen und verschließen. Mit der **Dampfgar-Taste** garen, dabei nach 5 Minuten Garzeit den flachen Dampfgareinsatz mit dem Blumenkohlreis einhängen und alles zu Ende garen.

- Während der Garzeit des Gemüses und des Blumenkohlreises das Olivenöl in einer Pfanne erhitzen und das Fleisch darin zunächst 3 Minuten bei hoher Hitze rundum leicht braun anbraten, anschließend 15 Minuten bei mittlerer Hitze gar braten.

- Den Blumenkohl und das Gemüse vermischen. Die Hähnchenbrustfilets aufschneiden und mit dem Gemüsereis servieren.

Chicoréeboote
MIT THAI-HACK

 Für 4 Portionen   Einfach   Pro Portion ca. 339 kcal/1418 kJ
20 g E, 28 g F, 2 g KH   Fertig in: 24 Min.
Zubereitung: 10 Min. (+ 14 Min. Garen)

ZUTATEN

¼ Stängel Zitronengras
1 Zwiebel (70 g)
2 El Sesamöl
1 Tl grüne Currypaste
400 g Schweinehackfleisch
1 Tl Salz
Saft von 1 Limette
½ Tl brauner Zucker
8 große Chicoréeblätter
2 El gehackte frische Minze
2 El gehackter frischer Koriander
Salz zum Abschmecken

■ Das Zitronengras waschen, putzen, schälen und fein hacken. Die Zwiebel schälen, halbieren, in den Mixbehälter geben und mit eingesetztem Messbecher mit der **Turbo-Taste/2 Sekunden** fein zerkleinern. Mit dem Spatel an der Innenwand des Mixbehälters nach unten schieben. Zitronengras, Sesamöl und Currypaste dazugeben und alles ohne eingesetzten Messbecher mit der **Anbrat-Taste/ 4 Minuten/110 °C** andünsten, bis die Currypaste aromatisch duftet. Das Hackfleisch und das Salz hinzufügen und alles mit eingesetztem Messbecher mit **Linkslauf/20 Sekunden/Stufe 3** gut vermischen, dann ohne eingesetzten Messbecher mit der **Anbrat-Taste/10 Minuten** gar braten. Prüfen, ob das Hackfleisch gar ist und die Anbratzeit gegebenenfalls verlängern.

■ Limettensaft und braunen Zucker dazugeben und mit eingesetztem Messbecher mit **Linkslauf/20 Sekunden/Stufe 3** unterrühren. Nach Belieben noch mit etwas Salz abschmecken.

■ Die Chicoréeblätter waschen und trocken tupfen. Das Fleisch in den Chicorée-blättern anrichten und mit den gehackten Kräutern bestreut servieren.

TIPP
Wenn Sie gerne schärfer essen, nehmen Sie die doppelte Menge der grünen Currypaste.

Teriyakihuhn
IM SALATPÄCKCHEN

 Für 4 Portionen   Einfach   Pro Portion ca. 312 kcal/1303 kJ
52 g E, 8 g F, 7 g KH   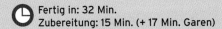 Fertig in: 32 Min.
Zubereitung: 15 Min. (+ 17 Min. Garen)

ZUTATEN

1 Salatgurke (400 g)
½ milde Chilischote
12 große Eisbergsalatblätter
125 ml dunkle Sojasauce
2 El Mirin (Reiswein)
1 El Birkenzucker
800 g Hähnchenbrustfilet
2 El Erdnussöl
2 El gehackter Koriander nach
  Belieben

- Die Gurke waschen, putzen, längs halbieren, entkernen und in kleine Würfel schneiden. Chili putzen, halbieren, entkernen, waschen und in feine Streifen schneiden. Die Salatblätter waschen und trocken schleudern.

- Für die Teriyakisauce Sojasauce, Mirin und Birkenzucker in den Mixbehälter geben und ohne eingesetzten Messbecher **3 Minuten/100 °C/Stufe 1** kochen. Danach umfüllen und beiseitestellen. Den Mixbehälter reinigen.

- Das Fleisch waschen, trocken tupfen und in etwa 1 cm große Würfel schneiden. In zwei Portionen aufteilen. Portionsweise mit jeweils 1 Esslöffel Erdnussöl in den Mixbehälter geben und ohne eingesetzten Messbecher mit der **Anbrat-Taste** braten. Prüfen, ob das Fleisch gar ist und die Anbratzeit gegebenenfalls verlängern. Jeweils in ein Sieb abschütten und abtropfen lassen. Dann in eine Schüssel geben und mit der Teriyakisauce vermischen.

- Fleisch, Gurke und Chili auf die Salatblätter verteilen und nach Belieben mit Koriander bestreuen. Die Salatblätter zu kleinen Päckchen zusammenfalten und mit einem Zahnstocher verschließen.

TIPP
Wer die Gurke feiner mag, gibt sie in groben Stücken in den Mixbehälter und zerkleinert sie mit eingesetztem Messbecher **6 Sekunden/ Stufe 6.**

Hackbällchen
MIT TOMATENSAUCE

 Für 4 Portionen Einfach 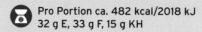 Pro Portion ca. 482 kcal/2018 kJ
32 g E, 33 g F, 15 g KH

Fertig in: 1 Std. 2 Min.
Zubereitung: 20 Min. (+ 32 Min. Garen,
10 Min. Abkühlen)

ZUTATEN

FÜR DIE HACKBÄLLCHEN

1 Zwiebel (70 g)
1 El Olivenöl
1 El Kapern aus dem Glas
500 g gemischtes Hackfleisch
2 Eier (Größe L)
1 El frisch gehackter Majoran
1 El Dijonsenf
1 Tl Salz
¼ Tl Pfeffer

FÜR DIE TOMATENSAUCE

400 g Tomaten
1 Zwiebel (70 g)
2 Knoblauchzehen
2 El Olivenöl
1 Bund Basilikum
500 g passierte Tomaten
400 ml warme Gemüsebrühe
1 Msp. Chilipulver
½ Tl Salz
¼ Tl Pfeffer
2 El Speisestärke

AUSSERDEM

Olivenöl für den Dampf-
garaufsatz

■ Für die Hackbällchen die Zwiebel schälen, halbieren und in den Mixbehälter geben. Mit eingesetztem Messbecher mit der **Turbo-Taste/3 Sekunden** fein zerkleinern. Mit dem Spatel an der Innenwand des Mixbehälters nach unten schieben. Das Olivenöl hinzufügen und die Zwiebel ohne eingesetzten Messbecher mit der **Anbrat-Taste/2 Minuten/110 °C** darin andünsten. Die Zwiebel mit dem Spatel an der Innenwand des Mixbehälters nach unten schieben und 10 Minuten abkühlen lassen.

■ Die Kapern abtropfen lassen, dann klein hacken. Zusammen mit Hackfleisch, Eiern, Majoran, Senf, Salz und Pfeffer in den Mixbehälter geben und alles mit eingesetztem Messbecher **1 Minute/Stufe 4** gleichmäßig verkneten.

■ Den tiefen Dampfgaraufsatz und den flachen Dampfgareinsatz leicht ölen. Mit angefeuchteten Händen aus dem Fleischteig 20 kleine Hackbällchen formen und diese gleichmäßig auf den tiefen Dampfgaraufsatz und den flachen Dampfgareinsatz verteilen. Den Mixbehälter gründlich reinigen.

■ Für die Tomatensauce die Tomaten am Stielansatz kreuzweise einschneiden und 3 Minuten in kochendem Wasser blanchieren. Kalt abschrecken, schälen, vierteln und entkernen. Zwiebel schälen und halbieren. Knoblauch schälen. Beides in den Mixbehälter geben und mit eingesetztem Messbecher mit der **Turbo-Taste/ 3 Sekunden** fein zerkleinern. Mit dem Spatel an der Innenwand des Mixbehälters nach unten schieben. Das Öl dazugeben und alles ohne eingesetzten Messbecher mit der **Anbrat-Taste/2 Minuten/110 °C** andünsten. Die entkernten Tomaten hinzugeben und mit eingesetztem Messbecher **8 Sekunden/Stufe 4** zerkleinern. Das Basilikum waschen, trocken schütteln und die Blättchen abzupfen. Zusammen mit den passierten Tomaten, der warmen Gemüsebrühe und den Gewürzen in den Mixbehälter geben. Den flachen Dampfgareinsatz in den tiefen Dampfgaraufsatz einhängen, den Dampfgaraufsatz auf den Mixbehälter setzen und verschließen. Mit der **Dampfgar-Taste/25 Minuten** garen. Nach der Garzeit den Dampfgaraufsatz beiseitestellen.

■ Die Speisestärke mit 50 ml kaltem Wasser glatt rühren, in den Mixbehälter geben und die Sauce mit eingesetztem Messbecher **3 Minuten/100 °C/Stufe 2** aufkochen. Die Sauce nach Belieben mit Salz und Pfeffer abschmecken und zu den Hackbällchen servieren.

TIPP

Übriggebliebene
Tomatensauce können
Sie problemlos
einfrieren.

Rinderfilet
MIT KOHLRABI-GRÜNKOHL-PASTA

 Für 4 Portionen   Mittel   Pro Portion ca. 376 kcal/1575 kJ
47 g E, 17 g F, 8 g KH   Fertig in: 45 Min.
Zubereitung: 25 Min. (+ 15 Min. Garen,
5 Min. Ruhen)

ZUTATEN

30 g Macadamianüsse
½ Bund Suppengrün
   (Sellerie, Möhre, Lauch)
2 Lorbeerblätter
2 Zweige Thymian
5 Pfefferkörner
2 mittelgroße Knollen Kohlrabi
   (600 g)
4 Blätter Grünkohl (200 g)
¼ Tl Salz
600 g Rinderfilet
grobes Meersalz und Pfeffer
   zum Abschmecken

■ Die Macadamianüsse in den Mixbehälter geben und mit eingesetztem Messbecher **6 Sekunden/Stufe 8** zerkleinern. Anschließend ohne eingesetzten Messbecher mit der **Anbrat-Taste** rösten, dann umfüllen und beiseitestellen.

■ Das Suppengrün putzen, schälen, waschen und in groben Stücken zusammen mit 1 l heißem Wasser, Lorbeerblättern, Thymian und Pfefferkörnern in den Mixbehälter geben.

■ Kohlrabi putzen, schälen, waschen und mit einem Spiralschneider in dünne Spaghetti schneiden. Die Kohlrabispaghetti im flachen Dampfgareinsatz verteilen. Die Grünkohlblätter waschen, trocken tupfen und den Strunk herausschneiden. Die Blätter in Stücke zupfen und ebenfalls im flachen Dampfgareinsatz verteilen. Mit ¼ Tl Salz würzen.

■ Das Rinderfilet waschen, trocken tupfen und in den tiefen Dampfgaraufsatz legen. Den flachen Dampfgareinsatz in den tiefen Dampfgaraufsatz einhängen, den Dampfgaraufsatz auf den Mixbehälter setzen und verschließen. Alles mit der **Dampfgar-Taste/15 Minuten** garen. Prüfen, ob das Fleisch den gewünschten Gargrad erreicht hat und die Dampfgarzeit gegebenenfalls verlängern. Dann jedoch vorher den flachen Dampfgareinsatz mit dem Gemüse entfernen.

■ Das Rinderfilet 5 Minuten ruhen lassen. Die Kohlrabi-Grünkohl-Spaghetti auf Tellern anrichten und mit den Macadamianüssen bestreuen. Das Filet in Scheiben schneiden, auf der Gemüse-Pasta anrichten und nach Belieben mit grobem Meersalz und Pfeffer würzen.

Lamm-Köfte-Tacos
MIT SALAT UND TSATZIKI

 Für 4 Portionen   Mittel   Pro Portion ca. 429 kcal/1797 kJ
22 g E, 31 g F, 16 g KH

Fertig in: 58 Min.
Zubereitung: 30 Min. (+ 10 Min. Abkühlen, 18 Min. Garen)

ZUTATEN

FÜR DAS TSATZIKI
½ Salatgurke (200 g)
1 Knoblauchzehe
100 g Quark (20 % Fett)
50 g Frischkäse
  (Doppelrahmstufe)
50 g griechischer Joghurt
  (10 % Fett)
½ Tl Salz

FÜR DIE KÖFTE
40 g Pinienkerne
5 Stängel glatte Petersilie
5 Stängel frische Minze
1 kleine rote Zwiebel (50 g)
2 Knoblauchzehen
500 g gehacktes Lammfleisch
½ Tl Salz
1 Tl edelsüßes Paprikapulver
1 Tl Kreuzkümmel
½ Tl Chilipulver
1 Msp. Piment
2 Msp. Zimt
2 Eigelb
60 g Sesam

FÜR DEN SALAT
16 kleine Blätter Kopfsalat
½ Salatgurke (200 g)
2 Möhren (150 g)

■ Für das Tsatziki die Gurke putzen, schälen, längs halbieren, entkernen und das Fruchtfleisch in grobe Stücke schneiden. Knoblauch schälen, in den Mixbehälter geben und mit eingesetztem Messbecher mit der **Turbo-Taste/2 Sekunden** zerkleinern. Die Gurke dazugeben und mit eingesetztem Messbecher **3 Sekunden/ Stufe 5** zerkleinern. Alles mit dem Spatel an der Innenwand des Mixbehälters nach unten schieben. Die restlichen Zutaten für das Tsatziki dazugeben und mit eingesetztem Messbecher mit **Linkslauf/1 Minute/Stufe 2** verrühren. Umfüllen und kühl stellen. Den Mixbehälter gründlich reinigen.

■ Für die Köfte die Pinienkerne in den Mixbehälter geben und ohne eingesetzten Messbecher mit der **Anbrat-Taste** rösten. Etwas abkühlen lassen. Petersilie und Minze waschen, trocken schütteln, die Blättchen abzupfen und in den Mixbehälter zu den Pinienkernen geben. Die rote Zwiebel schälen und halbieren. Knoblauch schälen. Beides ebenfalls in den Mixbehälter geben. Alles mit eingesetztem Messbecher mit der **Turbo-Taste/3 Sekunden** fein zerkleinern. Hackfleisch, Gewürze und Eigelb dazugeben und alles mit eingesetztem Messbecher mit **Linkslauf/ 1 Minute/Stufe 3** zu einer homogenen Masse verrühren.

■ Aus der Hackfleischmasse 16 ovale Köfte formen und diese im tiefen Dampfgaraufsatz sowie im flachen Dampfgareinsatz verteilen. 1 Liter Wasser in den Mixbehälter füllen. Den flachen Dampfgareinsatz in den tiefen Dampfgaraufsatz einhängen, den Dampfgaraufsatz auf den Mixbehälter setzen und verschließen. Die Köfte mit der **Dampfgar-Taste/18 Minuten** garen.

■ Währenddessen für den Salat die Salatblätter waschen und trocken tupfen. Die Gurke waschen, putzen, schälen, längs halbieren, entkernen und das Fruchtfleisch in kleine Würfel schneiden. Die Möhren waschen, schälen, putzen und in feine Stifte schneiden.

■ Nach Ablauf der Garzeit den Sesam in einen tiefen Teller geben und die noch heißen Köfte darin wälzen. Köfte mit Tsatziki, Gurkenwürfeln und Möhrenstiften auf den Salatblättern anrichten.

Hähnchenbrust
MIT SPARGEL UND JOGHURTSAUCE

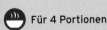 Für 4 Portionen   Einfach 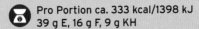 Pro Portion ca. 333 kcal/1398 kJ
39 g E, 16 g F, 9 g KH 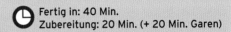 Fertig in: 40 Min.
Zubereitung: 20 Min. (+ 20 Min. Garen)

ZUTATEN

FÜR DIE JOGHURTSAUCE
2 Zweige Dill
4 Zweige Kerbel
4 Zweige Petersilie
2 Zweige Zitronenmelisse
300 g griechischer Joghurt
  (10 % Fett)
2 El Zitronensaft
Salz und Pfeffer
  zum Abschmecken

FÜR DIE HÄHNCHENBRUST
2 Hähnchenbrustfilets (à 220 g)
¼ Tl Salz
1 Msp. Pfeffer
80 g magerer Rohschinken
  in dünnen Scheiben

FÜR DEN SPARGEL
1 kg weißer Spargel
¼ Tl Salz
2 El Zitronensaft

AUSSERDEM
Olivenöl für den Dampfgaraufsatz

■ Für die Joghurtsauce die Kräuter waschen, trocken schütteln, die Blättchen abzupfen und in den Mixbehälter geben. Mit eingesetztem Messbecher mit der **Turbo-Taste/2 Sekunden** zerkleinern. Mit dem Spatel an der Innenwand des Mixbehälters nach unten schieben. Joghurt und Zitronensaft dazugeben und mit eingesetztem Messbecher **20 Sekunden/Stufe 5** glatt rühren. Die Joghurtsauce mit Salz und Pfeffer abschmecken, dann umfüllen und kalt stellen. Den Mixbehälter ausspülen.

■ Den tiefen Dampfgaraufsatz leicht mit Olivenöl einfetten. Die Hähnchenbrustfilets waschen, trocken tupfen, jeweils mit ¼ Tl Salz und 1 Msp. Pfeffer würzen, mit Schinkenscheiben umwickeln und in den tiefen Dampfgaraufsatz legen.

■ Den Spargel waschen, schälen, die holzigen Enden abschneiden und die Stangen in den flachen Dampfgareinsatz legen. Mit ¼ Tl Salz bestreuen und den Zitronensaft darüberträufeln.

■ 1 l Wasser in den Mixbehälter geben. Den flachen Dampfgareinsatz in den tiefen Dampfgaraufsatz einhängen, den kompletten Dampfgaraufsatz auf den Mixbehälter setzen und verschließen. Alles mit der **Dampfgar-Taste** garen. Das Fleisch mit dem Spargel und der Joghurtsauce servieren.

MIT FISCH
& MEERESFRÜCHTEN

Gedämpfter Seelachs
MIT ERBSENPÜREE

 Für 4 Portionen   Einfach   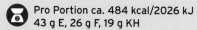 Pro Portion ca. 484 kcal/2026 kJ
43 g E, 26 g F, 19 g KH

Fertig in: 52 Min.
Zubereitung: 25 Min. (+ 27 Min. Garen)

ZUTATEN

FÜR DAS ERBSENPÜREE

1 Zwiebel (70 g)
1 Knoblauchzehe
2 El Rapsöl
500 g Erbsen (TK)
200 ml Buttermilch
 (0,9 % Fett)
½ Tl Salz
3 Msp. Pfeffer
1 Msp. Muskat

FÜR DEN SEELACHS

je 4 Zweige Petersilie,
 Basilikum und Dill
50 g geschälte Hanfsamen
50 g zimmerwarme Butter
¼ Tl Salz
2 Msp. Pfeffer
4 Seelachsfilets (à 150 g)

■ Für das Erbsenpüree die Zwiebel schälen und halbieren. Knoblauch schälen. Beides in den Mixbehälter geben und mit eingesetztem Messbecher mit der **Turbo-Taste/ 2 Sekunden** fein zerkleinern. Mit dem Spatel an der Innenwand des Mixbehälters nach unten schieben. Das Öl dazugeben und Zwiebel und Knoblauch darin mit eingesetztem Messbecher mit **Linkslauf/2 Minuten/100 °C/Stufe 1** dünsten. Erbsen, Buttermilch und die Gewürze dazugeben und alles **15 Minuten/100 °C/Stufe 1** aufkochen. Danach das Ganze mit eingesetztem Messbecher **10 Sekunden/Stufe 8** pürieren. Das Püree umfüllen und warm halten. Den Mixbehälter ausspülen.

■ Für den Seelachs die Kräuter waschen, trocken schütteln, die Blätter abzupfen, in den Mixbehälter geben und mit eingesetztem Messbecher **8 Sekunden/Stufe 6** zerkleinern. Mit dem Spatel an der Innenwand des Mixbehälters nach unten schieben. Hanfsamen, Butter, Salz und Pfeffer dazugeben und alles mit eingesetztem Messbecher mit **Linkslauf/30 Sekunden/Stufe 3** verrühren. Den Seelachs waschen, trocken tupfen, die Kräutermasse darauf verteilen und den Fisch im tiefen Dampfgaraufsatz sowie im flachen Dampfgareinsatz verteilen.

■ 1 l Wasser in den Mixbehälter geben. Den flachen Dampfgareinsatz in den tiefen Dampfgaraufsatz einhängen, den kompletten Dampfgaraufsatz auf den Mixbehälter setzen und verschließen. Den Seelachs mit der **Dampfgar-Taste/10 Minuten** garen. Den Fisch mit dem Erbsenpüree servieren.

TIPP

Wenn Kinder mitessen, ersetzen Sie die Hanfsamen durch Sesamsamen!

Garnelencurry
MIT BLUMENKOHLREIS

 Für 6 Portionen   Mittel   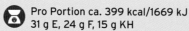 Pro Portion ca. 399 kcal/1669 kJ
31 g E, 24 g F, 15 g KH   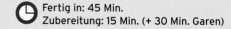 Fertig in: 45 Min.
Zubereitung: 15 Min. (+ 30 Min. Garen)

ZUTATEN

1 Blumenkohl (800 g)

400 g grüne Bohnen

600 ml Kokosmilch

4 Tl grüne Currypaste

6 Kaffir-Limettenblätter

3 El Fischsauce

2 El Limettensaft

2 El abgeriebene Schale von
 1 unbehandelten Limette

750 g küchenfertige Garnelen

1 gehäufter Tl Johannisbrotkernmehl

1 El frisch gehackter Koriander

■ Den Blumenkohl putzen, in Röschen teilen, waschen und in den Mixbehälter geben. Mit eingesetztem Messbecher **5 Sekunden/Stufe 6** zerkleinern, sodass eine reisähnliche Konsistenz entsteht. Den Blumenkohlreis im flachen Dampfgareinsatz verteilen und beiseitestellen. Den Mixbehälter ausspülen.

■ Die Bohnen waschen, putzen, in Stücke schneiden und im tiefen Dampfgaraufsatz verteilen.

■ Kokosmilch, 400 ml Wasser, Currypaste, Kaffir-Limettenblätter, Fischsauce, Limettensaft und Limettenschale in den Mixbehälter geben. Den flachen Dampfgareinsatz in den tiefen Dampfgaraufsatz einhängen, den kompletten Dampfgaraufsatz auf den Mixbehälter setzen und verschließen. Das Ganze **25 Minuten/100 °C/ Stufe 1** kochen.

■ In der Zwischenzeit die Garnelen waschen und trocken tupfen. Nach Ablauf der Garzeit den Dampfgaraufsatz abnehmen. Die Garnelen, die Bohnen und das Johannisbrotkernmehl in den Mixbehälter geben und alles mit eingesetztem Messbecher mit **Linkslauf/5 Minuten/120 °C/Stufe 1** kochen. Das Garnelencurry mit dem Blumenkohlreis anrichten und mit Koriander bestreut servieren.

Gedämpfter Lachs
MIT FRÜHLINGSGEMÜSE

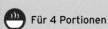 Für 4 Portionen   Einfach   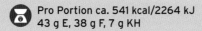 Pro Portion ca. 541 kcal/2264 kJ
43 g E, 38 g F, 7 g KH   Fertig in: 35 Min.
Zubereitung: 20 Min. (+ 15 Min. Garen)

ZUTATEN

FÜR DIE SALSA VERDE
½ unbehandelte Zitrone (60 g)
1 Knoblauchzehe
1 Bund frische glatte Petersilie
1 Bund frisches Basilikum
4 El Kapern aus dem Glas
4 eingelegte Sardellenfilets
6 El Rapsöl
Salz und Pfeffer
  zum Abschmecken

FÜR DEN LACHS UND
    DAS GEMÜSE
1 l warme Gemüsebrühe
200 g grüner Spargel
100 g junge Möhren
100 g Zuckerschoten
4 Lachsfilets (à 200 g)
4 Prisen Salz
4 Prisen Pfeffer
4 Tl Zitronensaft

AUSSERDEM
Olivenöl für den Dampfgaraufsatz

■ Für die Salsa verde die Zitrone waschen und trocken reiben, die Schale abreiben und den Saft auspressen. Den Knoblauch schälen. Die Kräuter waschen, trocken schütteln und die Blättchen abzupfen. Die Kapern abtropfen lassen. Alles zusammen mit den Sardellenfilets und dem Rapsöl in den Mixbehälter geben und mit eingesetztem Messbecher **10 Sekunden/Stufe 8** fein zerkleinern. Nach Belieben mit Salz und Pfeffer abschmecken. Umfüllen und bis zur Verwendung kühl stellen. Den Mixbehälter ausspülen.

■ Die Gemüsebrühe in den Mixbehälter geben. Den Spargel waschen, putzen und im unteren Drittel schälen. Die Möhren putzen, schälen und längs vierteln. Die Zuckerschoten waschen und putzen. Das Gemüse in den Kocheinsatz geben und diesen in den Mixbehälter einhängen. Die Lachsfilets waschen und trocken tupfen. Den tiefen Dampfgaraufsatz sowie den flachen Dampfgareinsatz dünn mit Olivenöl einpinseln und den Lachs darauf verteilen. Jedes Stück mit 1 Prise Salz, 1 Prise Pfeffer und 1 Tl Zitronensaft würzen. Den flachen Dampfgareinsatz in den tiefen Dampfgaraufsatz einhängen, den kompletten Dampfgaraufsatz auf den Mixbehälter setzen und verschließen. Mit der **Dampfgar-Taste/15 Minuten** garen.

■ Den Dampfgaraufsatz abnehmen. Den Kocheinsatz aus dem Mixbehälter nehmen und das Gemüse gut abtropfen lassen. Den Lachs mit dem Gemüse und der Salsa verde servieren.

Schollenröllchen
MIT RATATOUILLE

 Für 4 Portionen　　 Mittel　　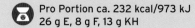 Pro Portion ca. 232 kcal/973 kJ
26 g E, 8 g F, 13 g KH　　Fertig in: 1 Std. 3 Min.
Zubereitung: 30 Min. (+ 33 Min. Garen)

ZUTATEN

FÜR DAS RATATOUILLE

8 Zweige Zitronenthymian
2 Zweige Rosmarin
2 Zucchini (400 g)
1 rote Paprikaschote (150 g)
1 gelbe Paprikaschote (150 g)
240 g Kirschtomaten
1 kleine rote Zwiebel (50 g)
2 Knoblauchzehen
1 Tl Rapsöl
300 g passierte Tomaten
½ Tl Salz
3 Msp. Pfeffer

FÜR DIE SCHOLLENRÖLLCHEN

4 Schollenfilets (à 120 g)
4 Stängel Basilikum
40 g getrocknete Tomaten
　ohne Öl
100 g grüne Oliven ohne Stein
abgeriebene Schale von
　½ unbehandelten Zitrone
¼ Tl Salz
1 Msp. Pfeffer

■ Für das Ratatouille die Kräuter waschen, trocken schütteln und die Blätter abzupfen. In den Mixbehälter geben und mit eingesetztem Messbecher **8 Sekunden/Stufe 6** zerkleinern. Umfüllen und beiseitestellen.

■ Zucchini waschen, putzen und würfeln. Paprika halbieren, putzen, entkernen, innen und außen waschen und in mundgerechte Stücke schneiden. Kirschtomaten waschen, halbieren, von den Stielansätzen befreien und entkernen.

■ Zwiebel schälen und halbieren. Knoblauch schälen. Beides in den Mixbehälter geben und mit eingesetztem Messbecher mit der **Turbo-Taste/2 Sekunden** fein zerkleinern. Mit dem Spatel an der Innenwand des Mixbehälters nach unten schieben. Das Öl hinzufügen und Zwiebel und Knoblauch darin ohne eingesetzten Messbecher mit der **Anbrat-Taste/3 Minuten/100 °C** dünsten. Kräuter, Gemüse, passierte Tomaten, Salz und Pfeffer dazugeben und ohne eingesetzten Messbecher mit **Linkslauf/15 Minuten/100 °C/Stufe 1** garen. Das Ratatouille umfüllen und warm stellen. Den Mixbehälter gründlich reinigen.

■ Für die Schollenröllchen den Fisch waschen und trocken tupfen. Basilikum waschen, trocken schütteln, die Blättchen abzupfen und zusammen mit getrockneten Tomaten, Oliven und Zitronenschale in den Mixbehälter geben. Alles mit eingesetztem Messbecher **6 Sekunden/Stufe 8** fein zerkleinern. Mit dem Spatel an der Innenwand des Mixbehälters nach unten schieben, dann mit eingesetztem Messbecher erneut **4 Sekunden/Stufe 8** fein zerkleinern.

■ Die Olivenpaste auf den Schollenfilets verstreichen, die Filets zusammenrollen und mit Holzspießen feststecken. Mit Salz und Pfeffer würzen. Die Röllchen im tiefen Dampfgaraufsatz und im flachen Dampfgareinsatz verteilen. 1 l Wasser in den Mixbehälter geben. Den flachen Dampfgareinsatz in den tiefen Dampfgaraufsatz einhängen, den kompletten Dampfgaraufsatz auf den Mixbehälter setzen und verschließen. Alles mit der **Dampfgar-Taste/15 Minuten** garen. Die Schollenröllchen mit dem Ratatouille servieren.

Gedämpfter Kabeljau
MIT RAHMWIRSING

 Für 4 Portionen   Einfach   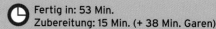 Pro Portion ca. 440 kcal/1838 kJ
35 g E, 28 g F, 11 g KH   Fertig in: 53 Min.
Zubereitung: 15 Min. (+ 38 Min. Garen)

ZUTATEN

1 kleiner Wirsing (500 g)
600 g Kabeljaufilet
½ Tl Salz
¼ Tl Pfeffer
1 Zwiebel (70 g)
2 El Butter
500 ml warme Geflügelbrühe
500 ml Sahne (30 % Fett)
2 El Speisestärke
1 Prise Muskat

AUSSERDEM

Olivenöl für den Dampfgaraufsatz
1 unbehandelte Limette

■ Die äußeren Blätter vom Wirsing entfernen. Den Wirsing vierteln und den harten Strunk herausschneiden. Den Wirsing in Streifen schneiden oder zerpflücken, dann waschen, trocken schleudern und im tiefen Dampfgaraufsatz verteilen.

■ Den Kabeljau waschen, trocken tupfen und rundum mit Salz und Pfeffer würzen. Den flachen Dampfgareinsatz dünn mit Olivenöl bestreichen und den Fisch darauf legen.

■ Die Zwiebel schälen, halbieren und im Mixbehälter mit eingesetztem Messbecher mit der **Turbo-Taste/3 Sekunden** fein zerkleinern. Die Butter hinzufügen, ohne eingesetzten Messbecher **2 Minuten/60 °C/Stufe 2** zum Schmelzen bringen, anschließend die Zwiebel ohne eingesetzten Messbecher mit der **Anbrat-Taste/ 3 Minuten/120 °C** andünsten. Geflügelbrühe und Sahne hinzugeben. Den tiefen Dampfgaraufsatz mit dem Wirsing auf den Mixbehälter setzen und verschließen. Den Wirsing mit der **Dampfgar-Taste/30 Minuten** garen. Nach 10 Minuten Garzeit den flachen Dampfgareinsatz mit dem Kabeljau aufsetzen und alles zu Ende garen.

■ Den kompletten Dampfgaraufsatz abnehmen und beiseitestellen. Die Speisestärke in 50 ml kaltem Wasser glatt rühren, in den Mixbehälter geben und die Sauce mit eingesetztem Messbecher **3 Minuten/100 °C/Stufe 2** aufkochen.

■ Den Wirsing in eine Schüssel umfüllen, die gewünschte Menge an Sauce dazugeben (die restliche Sauce anderweitig verwenden – siehe Tipp), gut vermischen und nach Belieben mit Salz, Pfeffer und Muskat abschmecken. Den Kabeljau mit dem Rahm-wirsing und mit Limettenscheiben servieren.

TIPP

Aus der restlichen Sauce können Sie beispielsweise eine cremige Pilzsuppe herstellen. Dazu Pilze nach Wahl (ca. 400 g bei 750 ml Sauce) in etwas Butter braten. Die Sauce ggf. noch einmal erhitzen, die Pilze dazugeben und die Suppe pürieren. Nach Belieben mit Salz und Pfeffer abschmecken.

Lachs-Zucchini-Frikadellen

 Für 4 Portionen   Einfach   🕮 Pro Portion ca. 867 kcal/3629 kJ
32 g E, 80 g F, 6 g KH   🕐 Fertig in: 53 Min.
Zubereitung: 30 Min. (+ 15 Min. Ziehen,
8 Min. Braten)

ZUTATEN

FÜR DIE REMOULADE

¼ Bund Petersilie
¼ Bund Dill
½ Zwiebel (40 g)
3 Gewürzgurken
½ El eingelegte Kapern
1 Ei (Größe L)
1 El Zitronensaft
1 Tl Senf
¼ Tl Salz
2 Msp. Pfeffer
200 ml Olivenöl

FÜR DIE FRIKADELLEN

2 große Zucchini (500 g)
1 Tl Salz
300 g Lachsfilet (ohne Haut)
60 g Parmesan
2 Eier (Größe L)
2 El Mayonnaise
60 g Mandelmehl
2 El gehackter Dill
½ Tl abgeriebene Schale von
   1 unbehandelten Zitrone
½ Tl frische Thymianblättchen
Pfeffer zum Abschmecken

AUSSERDEM

Öl zum Braten

■ Für die Remoulade Petersilie und Dill waschen, trocken schütteln, die Blättchen abzupfen und in den Mixbehälter geben. Zwiebel schälen und ebenfalls in den Mixbehälter geben. Gewürzgurken und Kapern abtropfen lassen und ebenfalls dazugeben. Alles mit eingesetztem Messbecher **8 Sekunden/Stufe 7** zerkleinern. Mithilfe des Spatels an der Innenwand des Mixbehälters nach unten schieben und erneut mit eingesetztem Messbecher **5 Sekunden/Stufe 7** zerkleinern. Umfüllen und beiseitestellen. Den Mixbehälter ausspülen.

■ Ei, Zitronensaft, Senf, Salz und Pfeffer in den Mixbehälter geben und mit eingesetztem Messbecher **10 Sekunden/Stufe 3** verrühren. Den Messbecher fest einsetzen und das Gerät auf **4 Minuten/Stufe 4** einstellen. Das Gerät starten und das Öl zunächst nur langsam auf den Deckel des Mixbehälters laufen lassen, sodass es am Messbechereinsatz entlang nach innen tropfen kann. Die Ölmenge langsam erhöhen. Anschließend die Gurken-Zwiebel-Mischung dazugeben und mit eingesetztem Messbecher **15 Sekunden/Stufe 3** untermischen. Die Remoulade umfüllen und bis zum Servieren kühl stellen. Den Mixbehälter gründlich reinigen.

■ Für die Frikadellen die Zucchini putzen, waschen, in groben Stücken in den Mixbehälter geben und mit eingesetztem Messbecher **8 Sekunden/Stufe 6** zerkleinern. In einem Sieb abtropfen lassen, dann in eine Schüssel umfüllen, mit 1 Tl Salz bestreuen und 15 Minuten ziehen lassen, um den Zucchini Wasser zu entziehen.

■ In der Zwischenzeit den Lachs waschen, trocken tupfen und in Stücke schneiden. Den Parmesan in Stücken in den Mixbehälter geben und mit eingesetztem Messbecher **15 Sekunden/Stufe 10** zerkleinern. Den Lachs dazugeben und mit eingesetztem Messbecher **10 Sekunden/Stufe 5** zerkleinern. Alles mit dem Spatel an der Innenwand des Mixbehälters nach unten schieben.

■ Nach Ablauf der Ziehzeit die Zucchinimasse kräftig ausdrücken, mit allen übrigen Zutaten für die Frikadellen in den Mixbehälter geben und mit eingesetztem Messbecher **30 Sekunden/Stufe 4** zu einer homogenen Masse vermischen. Nach Belieben mit Salz und Pfeffer abschmecken. Die Masse mit feuchten Händen zu gleichmäßig großen Kugeln formen und diese etwas flach drücken. Das Öl in einer beschichteten Pfanne erhitzen und die Frikadellen darin bei mittlerer Hitze von beiden Seiten je 4 Minuten goldbraun braten. Die Frikadellen mit der Remoulade servieren.

Ohne Fleisch

VEGETARISCHE
GERICHTE

HERZHAFTE
Paprika-Frittata

 Für 4 Portionen Einfach · Pro Portion ca. 309 kcal/1289 kJ 18 g E, 23 g F, 8 g KH · Fertig in: 48 Min. Zubereitung: 15 Min. (+ 10 Min. Garen, 20 Min. Backen, 3 Min. Grillen)

ZUTATEN

60 g Parmesan
2 Schalotten (50 g)
1 Knoblauchzehe
4 grüne Paprikaschoten (600 g)
3 Tomaten (200 g)
2 Stiele Salbei
4 El Olivenöl
1 Tl Salz
6 Eier (Größe L)
¼ Tl Pfeffer

■ Den Parmesan in grobe Stücke schneiden, in den Mixbehälter geben und mit eingesetztem Messbecher **10 Sekunden/Stufe 10** zerkleinern. Umfüllen und den Mixbehälter ausspülen.

■ Schalotten und Knoblauch schälen. Paprika halbieren, putzen, entkernen, innen und außen waschen und in grobe Stücke schneiden. Tomaten waschen, halbieren, von den Stielansätzen befreien, entkernen und ebenfalls in grobe Stücke schneiden. Salbei waschen, trocken schütteln, die Blättchen abzupfen und in feine Streifen schneiden.

■ Schalotten und Knoblauch in den Mixbehälter geben und mit eingesetztem Messbecher mit der **Turbo-Taste/2 Sekunden** zerkleinern. Paprika hinzufügen und mit eingesetztem Messbecher **5 Sekunden/Stufe 6** zerkleinern. 3 El Olivenöl hinzufügen und alles ohne eingesetzten Messbecher mit der **Anbrat-Taste** andünsten. Tomaten hinzufügen und mit eingesetztem Messbecher **5 Sekunden/Stufe 5** zerkleinern. Salbei und ½ Tl Salz hinzufügen und alles ohne eingesetzten Messbecher mit der **Anbrat-Taste/3 Minuten** dünsten.

■ Eine ofenfeste Pfanne oder eine Auflaufform mit dem restlichen Olivenöl ausstreichen. Das Gemüse hineingeben und etwas abkühlen lassen. Den Mixbehälter ausspülen.

■ Den Backofen auf 180 °C vorheizen. Die Eier mit dem Parmesan, ½ Tl Salz und ¼ Tl Pfeffer in den Mixbehälter geben und alles mit eingesetztem Messbecher **20 Sekunden/Stufe 4** vermischen. Die Eimischung über das Gemüse gießen.

■ Die Frittata in den Backofen geben und 20 Minuten gar ziehen lassen, bis sie nur noch an der Oberseite leicht flüssig ist. Anschließend 3 Minuten mit der Grillfunktion grillen, bis die Frittata auch an der Oberfläche fest und leicht gebräunt ist. Sofort servieren.

Cheddar-Soufflés
MIT RUCOLASALAT

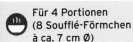 Für 4 Portionen
(8 Soufflé-Förmchen
à ca. 7 cm Ø)

 Mittel

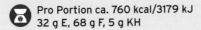 Pro Portion ca. 760 kcal/3179 kJ
32 g E, 68 g F, 5 g KH

Fertig in: 55 Min.
Zubereitung: 30 Min. (+ 25 Min. Backen)

ZUTATEN

FÜR DIE SOUFFLÉS
6 Eier (Größe L)
¼ Tl Backpulver
1 Tl + 1 Prise Salz
½ Bund Schnittlauch
240 g Cheddar
60 g Mandelmehl
1 Tl Dijonsenf
¼ Tl schwarzer Pfeffer
1 Tl Johannisbrotkernmehl
170 g Crème double
   (mind. 40 % Fett)

FÜR DEN SALAT
200 g Rucola
3 El Zitronensaft
1 Prise Salz
1 Prise Pfeffer
6 El Olivenöl

AUSSERDEM
Butter für die Förmchen

■ Den Backofen auf 190 °C vorheizen. Acht Soufflé-Förmchen (à ca. 7 cm Durchmesser) gut mit Butter einfetten. Die Förmchen auf ein Backblech setzen.

■ Für die Soufflés die Eier trennen. Das Eigelb bis zur weiteren Verwendung beiseitestellen. Das Eiweiß mit Backpulver und 1 Prise Salz in den Mixbehälter geben. Den Rühraufsatz einsetzen und das Eiweiß mit eingesetztem Messbecher **4 Minuten/Stufe 4** steif schlagen. Den Rühraufsatz entfernen. Den Eischnee in eine Schüssel umfüllen und bis zur weiteren Verwendung kalt stellen. Den Mixbehälter ausspülen.

■ Den Schnittlauch waschen, trocken schütteln und in feine Röllchen schneiden. Den Cheddar in groben Stücken in den Mixbehälter geben und mit eingesetztem Messbecher **20 Sekunden/Stufe 10** zerkleinern. Mandelmehl, Senf, 1 Tl Salz, ¼ Tl Pfeffer, Johannisbrotkernmehl, Crème double, Schnittlauch und das Eigelb dazugeben und alles **30 Sekunden/Stufe 4** zu einer homogenen Masse vermischen. Die Masse zum Eischnee geben und alles vorsichtig, aber zügig verrühren.

■ Die Förmchen zu etwa drei Viertel mit der Masse füllen und die Förmchen auf dem Backblech in den Ofen schieben. Die Soufflés 25 Minuten backen, bis sie etwa 1 cm über den Förmchenrand herausragen und goldbraun gebacken sind (während des Backens die Backofentür nicht öffnen).

■ In der Zwischenzeit den Salat zubereiten. Dazu den Rucola verlesen, waschen und trocken schleudern. Zitronensaft in einer großen Schüssel mit Salz und Pfeffer verrühren. Das Olivenöl langsam unter ständigem Rühren zugießen. Den Rucola dazugeben und mit dem Dressing vermischen. Die Soufflés mit dem Salat servieren.

Gemüse-Tarte
MIT AVOCADO UND PAPRIKA

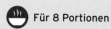 Für 8 Portionen   Einfach 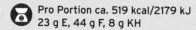 Pro Portion ca. 519 kcal/2179 kJ
23 g E, 44 g F, 8 g KH

🕐 Fertig in: 1 Std. 30 Min.
Zubereitung: 25 Min. (+ 1 Std. Backen,
5 Min. Ruhen)

ZUTATEN

FÜR DEN TEIG

80 g Mandelmehl

60 g Kokosmehl

60 g Sesamsamen

1 El gemahlene Flohsamen-
   schalen

1 Tl Backpulver

1 Prise Salz

3 El Kokosöl

2 Eigelb (Größe L)

FÜR DIE FÜLLUNG

150 g Parmesan

½ rote Paprikaschote (80 g)

1 Schalotte (20 g)

1 El Olivenöl

150 g Frischkäse
   (Doppelrahmstufe)

200 g Quark (20 % Fett)

4 Eier (Größe L)

2 Eigelb (Größe L)

2 El fein gehackte glatte
   Petersilie (TK)

1 Tl Salz

¼ Tl Pfeffer

2 reife Avocados (à 300 g)

■ Den Backofen auf 175 °C vorheizen. Eine Springform (ca. 24 cm Ø) mit Backpapier auslegen. Alle Zutaten für den Teig mit 6 El Wasser in den Mixbehälter geben und mit eingesetztem Messbecher **50 Sekunden/Stufe 4** zu einem glatten Teig verrühren. Den Teig auf dem Boden der Springform verteilen und gut andrücken. Den Boden 15 Minuten im Ofen vorbacken. Den Mixbehälter gründlich reinigen.

■ In der Zwischenzeit für die Füllung den Parmesan in groben Stücken in den Mixbehälter geben und mit eingesetztem Messbecher **20 Sekunden/Stufe 10** fein zerkleinern. Umfüllen und den Mixbehälter ausspülen.

■ Paprika putzen, entkernen, innen und außen waschen und in grobe Stücke schneiden. Die Schalotte schälen, halbieren, in den Mixbehälter geben und mit eingesetztem Messbecher mit der **Turbo-Taste/2 Sekunden** fein zerkleinern. Paprika dazugeben und mit eingesetztem Messbecher **6 Sekunden/Stufe 5** zerkleinern. Alles mit dem Spatel an der Innenwand des Mixbehälters nach unten schieben. Das Olivenöl hinzufügen und alles ohne eingesetzten Messbecher mit der **Anbrat-Taste/3 Minuten/120 °C** andünsten.

■ Parmesan, Frischkäse, Quark, Eier, Eigelb, Petersilie, 1 Tl Salz sowie ¼ Tl Pfeffer dazugeben und alles mit eingesetztem Messbecher **20 Sekunden/Stufe 5** zu einer glatten Masse verrühren. Nach Belieben mit Salz und Pfeffer abschmecken.

■ Die Avocados halbieren, die Kerne entfernen, schälen und in Spalten schneiden. Die Avocadospalten auf dem vorgebackenen Teig verteilen und die Creme glatt daraufgießen. Die Tarte 45 Minuten backen. Vor dem Anschneiden mindestens 5 Minuten ruhen lassen.

Thai-Gemüse
MIT BLUMENKOHLREIS

 Für 4 Portionen   Mittel   Pro Portion ca. 401 kcal/1682 kJ
26 g E, 27 g F, 14 g KH   Fertig in: 1 Std. 2 Min.
Zubereitung 20 Min. (+ 15 Min. Abtropfen, 15 Min. Garen, 12 Min. Braten)

ZUTATEN

350 g Naturtofu

2 Knoblauchzehen

70 ml Sojasauce

3 El geröstetes Sesamöl

2 Msp. Chilipulver

50 g Mandelmus

2 El Limettensaft

1 kleiner Blumenkohl (400 g)

½ Brokkoli (250 g)

400 g Pak Choi

2 El Öl

200 g Sojasprossen

■ Den Tofu aus der Verpackung nehmen und gründlich abtropfen lassen. Mit einem scharfen Messer längs halbieren, die beiden Stücke jeweils zwischen 2 Lagen Küchenpapier legen und mit einem schweren Gegenstand, zum Beispiel einer gusseisernen Pfanne oder einer Auflaufform, 15 Minuten beschweren, um möglichst viel Flüssigkeit herauszupressen.

■ In der Zwischenzeit den Knoblauch schälen, in den Mixbehälter geben und mit eingesetztem Messbecher mit der **Turbo-Taste/2 Sekunden** zerkleinern. Mit dem Spatel an der Innenwand des Mixbehälters nach unten schieben. Die Hälfte des Knoblauchs herausnehmen und beiseitestellen. 60 ml Sojasauce, Sesamöl, 1 Msp. Chilipulver, Mandelmus und Limettensaft zu dem restlichen Knoblauch in den Mixbehälter geben und mit eingesetztem Messbecher **15 Sekunden/Stufe 6** verrühren. Die Marinade in eine Schüssel umfüllen und den Mixbehälter gründlich reinigen. Den Tofu in 1 cm große Würfel schneiden, in die Marinade geben und bis zur weiteren Verwendung durchziehen lassen.

■ Den Blumenkohl putzen, in Röschen teilen, waschen und in den Mixbehälter geben. Mit eingesetztem Messbecher **5 Sekunden/Stufe 6** zerkleinern, sodass eine reisähnliche Konsistenz entsteht. Den Blumenkohlreis im flachen Dampfgareinsatz verteilen, mit dem restlichen Knoblauch vermischen und beiseitestellen. Den Mixbehälter ausspülen.

■ Den Brokkoli putzen, in kleine Röschen teilen, waschen und im tiefen Dampfgaraufsatz verteilen. Die äußeren Blätter des Pak Chois entfernen, den Strunkansatz abschneiden, den Pak Choi gründlich unter fließendem Wasser waschen und trocken schleudern. In 2 Portionen aufteilen, nacheinander in den Mixbehälter geben und jeweils mit eingesetztem Messbecher **4 Sekunden/Stufe 6** zerkleinern. Den Pak Choi auf dem Brokkoli verteilen.

- 1 l Wasser in den Mixbehälter füllen. Den flachen Dampfgareinsatz in den tiefen Dampfgaraufsatz einhängen, den kompletten Dampfgaraufsatz auf den Mixbehälter setzen und verschließen. Mit der **Dampfgar-Taste/ 12 Minuten** garen. Den Dampfgaraufsatz abnehmen und das Gemüse warm stellen. Den Mixbehälter leeren.

- Das Öl und den marinierten Tofu in den Mixbehälter geben und den Tofu ohne eingesetzten Messbecher mit der **Anbrat-Taste** braten. Die Sojasprossen waschen, trocken schütteln und nach der Anbratzeit des Tofus zusammen mit der restlichen Sojasauce und dem restlichen Chilipulver in den Mixbehälter geben. Alles ohne eingesetzten Messbecher mit der **Anbrat-Taste/ 5 Minuten** braten. Tofu und Sprossen mit dem Brokkoli-Pak-Choi-Gemüse vermischen und zusammen mit dem Blumenkohlreis servieren.

HERZHAFTES
Zucchini-Omelette

Für 12 Stück | Einfach | Pro Stück ca. 131 kcal/550 kJ 9 g E, 10 g F, 2 g KH | Fertig in: 25 Min. Zubereitung: 10 Min. (+ 15 Min. Braten)

ZUTATEN

80 g Parmesan
1 Bund Schnittlauch
½ Bund glatte Petersilie
2 Schalotten (60 g)
2 Knoblauchzehen
1 El Olivenöl
2 Zucchini (350 g)
10 Eier (Größe L)
½ Tl Salz
¼ Tl Pfeffer

AUSSERDEM
Rapsöl zum Ausbacken

■ Parmesan in Stücken in den Mixbehälter geben und mit eingesetztem Messbecher **10 Sekunden/Stufe 8** fein zerkleinern. Den Parmesan in eine große Schüssel umfüllen.

■ Schnittlauch waschen, trocken schütteln, in kleine Röllchen schneiden und diese zu dem Parmesan geben. Petersilie waschen, trocken schütteln und die Blättchen von den Stängeln zupfen. In den Mixbehälter geben und mit eingesetztem Messbecher **8 Sekunden/Stufe 6** zerkleinern. Die Petersilie ebenfalls zu dem Parmesan geben. Den Mixbehälter auswischen.

■ Schalotten schälen und halbieren. Knoblauch schälen. Beides in den Mixbehälter geben und mit eingesetztem Messbecher mit der **Turbo-Taste/2 Sekunden** zerkleinern. Mit dem Spatel an der Innenwand des Mixbehälters nach unten schieben. Das Olivenöl hinzugeben und Schalotten und Knoblauch ohne eingesetzten Messbecher mit **Linkslauf/3 Minuten/100 °C/Stufe 1** dünsten. Das Gemisch zu der Parmesan-Mischung geben.

■ Die Zucchini putzen, waschen, trocken reiben, vierteln, in den Mixbehälter geben und mit eingesetztem Messbecher **5 Sekunden/Stufe 6** zerkleinern. Die Zucchini zu der Parmesan-Mischung geben.

■ Die Eier in den Mixbehälter geben und mit eingesetztem Messbecher **15 Sekunden/Stufe 5** verrühren. Salz, Pfeffer und die beiseitegestellten Zutaten in den Mixbehälter geben und alles mit eingesetztem Messbecher mit **Linkslauf/1 Minute/Stufe 3** zu einem glatten Teig verrühren.

■ Öl in einer Pfanne (24 cm Ø) erhitzen und aus dem Teig nacheinander bei mittlerer Hitze 12 Omelettes ausbacken.

Möhren-Sellerie-Puffer
MIT SCHAFSKÄSE-DIP

 Für 4 Portionen Einfach Pro Portion ca. 491 kcal/2051 kJ
28 g E, 35 g F, 15 g KH · Fertig in: 40 Min.
Zubereitung: 10 Min. (+ 30 Min. Backen)

ZUTATEN

FÜR DEN DIP
1 Frühlingszwiebel (40 g)
50 g schwarze Oliven ohne Stein
200 g Schafskäse
100 g saure Sahne (10 % Fett)
Salz und Pfeffer
  zum Abschmecken

FÜR DIE PUFFER
100 g Parmesan
1 Knoblauchzehe
3 Frühlingszwiebeln (120 g)
6 Möhren (400 g)
1 Stück Knollensellerie (400 g)
4 Eier (Größe L)
1 Msp. Muskat
1 Tl Salz
¼ Tl Pfeffer

AUSSERDEM
2 El Butter
2 Tl Olivenöl

■ Für den Dip die Frühlingszwiebel putzen, waschen und in groben Stücken in den Mixbehälter geben. Die Oliven ebenfalls in den Mixbehälter geben und alles mit eingesetztem Messbecher **6 Sekunden/Stufe 6** zerkleinern. Mit dem Spatel an der Innenwand des Mixbehälters nach unten schieben. Schafskäse und saure Sahne dazugeben und alles mit eingesetztem Messbecher **30 Sekunden/Stufe 4** cremig verrühren. Nach Belieben mit Salz und Pfeffer abschmecken. Den Dip umfüllen und kalt stellen. Den Mixbehälter gründlich reinigen.

■ Für die Puffer den Parmesan in groben Stücken in den Mixbehälter geben und mit eingesetztem Messbecher **20 Sekunden/Stufe 10** zerkleinern. Umfüllen.

■ Knoblauch schälen, in den Mixbehälter geben und mit eingesetztem Messbecher mit der **Turbo-Taste/2 Sekunden** zerkleinern. Die Frühlingszwiebeln putzen, waschen und in groben Stücken dazugeben. Möhren und Sellerie putzen, schälen, waschen und in etwa 5 cm großen Stücken ebenfalls in den Mixbehälter geben. Alles mit eingesetztem Messbecher **8 Sekunden/Stufe 6** zerkleinern. Mit dem Spatel an der Innenwand des Mixbehälters nach unten schieben. Parmesan, Eier, Muskat, Salz und Pfeffer hinzufügen und alles mit eingesetztem Messbecher **20 Sekunden/Stufe 3** verrühren.

■ 1 Esslöffel Butter und 1 Teelöffel Olivenöl in einer beschichteten Pfanne erhitzen und darin aus dem Teig portionsweise goldbraune Puffer ausbacken. Dazu mit einem Esslöffel Teigportionen in die Pfanne setzen, etwas plattdrücken und bei mittlerer Hitze 5 Minuten von jeder Seite backen. Nach der Hälfte des Teiges die restliche Butter und das restliche Öl in die Pfanne geben und die restlichen Puffer backen. Die fertigen Puffer jeweils im Ofen warm halten. Die Puffer mit dem Schafskäse-Dip servieren.

DESSERTS

Schoko-Avocado-Creme
MIT ERDNUSSBUTTER

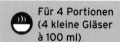 Für 4 Portionen
(4 kleine Gläser
à 100 ml)

 Einfach

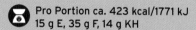 Pro Portion ca. 423 kcal/1771 kJ
15 g E, 35 g F, 14 g KH

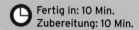 Fertig in: 10 Min.
Zubereitung: 10 Min.

ZUTATEN

40 g Erdnusskerne
½ Avocado (100 g)
4 El ungesüßtes Kakaopulver
4 El Erythrit
120 ml Kokosmilch
1 Prise Salz
150 g cremige Erdnussbutter

- Die Erdnüsse in den Mixbehälter geben und mit eingesetztem Messbecher mit der **Turbo-Taste/1 Sekunde** zerkleinern. Umfüllen und beiseitestellen. Den Mixbehälter auswischen.

- Die Avocado halbieren, entkernen und das Fruchtfleisch aus der Schale kratzen. Dann mit Kakaopulver, Erythrit, Kokosmilch und Salz in den Mixbehälter geben. Mit eingesetztem Messbecher **45 Sekunden/Stufe 2–4** schrittweise ansteigend pürieren. Die Erdnussbutter hinzufügen und mit eingesetztem Messbecher **25 Sekunden/Stufe 3** unterrühren. Die Creme in Gläschen füllen und mit den gehackten Erdnüssen bestreut servieren.

TIPP
Avocados punkten
mit vielen wertvollen
Fettsäuren!

Frozen Yogurt
BANANE-ERDNUSS

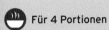 Für 4 Portionen

 Einfach

Pro Portion ca. 340 kcal/1424 kJ
10 g E, 26 g F, 17 g KH

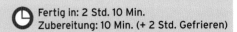 Fertig in: 2 Std. 10 Min.
Zubereitung: 10 Min. (+ 2 Std. Gefrieren)

ZUTATEN

1 Banane (140 g)
320 g griechischer Joghurt
  (10 % Fett)
60 ml Milch (Frischmilch,
  3,5 % Fett)
115 g cremige Erdnussbutter
Mark von ½ Vanilleschote
6 El Erythrit
1 Prise Salz
6 El Sprühsahne (30 % Fett)

■ Die Banane schälen und in groben Stücken in den Mixbehälter geben. Joghurt, Milch, Erdnussbutter, Vanillemark, Erythrit und Salz hinzufügen und alles mit eingesetztem Messbecher **20 Sekunden/Stufe 8** zu einer glatten Masse verrühren.

■ Die Sahne dazugeben und mit eingesetztem Messbecher **10 Sekunden/Stufe 3** unterheben.

■ Die Masse in eine flache Schüssel gießen und im Gefrierschrank mindestens 2 Stunden gefrieren lassen. Dabei alle 15 Minuten kräftig mit dem Schneebesen durchrühren, um die Eiskristalle zu zerkleinern.

■ Nach Ablauf der Kühlzeit den Frozen Yogurt in den Mixbehälter geben und **8 Sekunden/Stufe 8** pürieren, bis eine cremige Konsistenz erreicht ist. Ist die Masse nun zu weich geworden, alles nochmals für mindestens 1 Stunde in den Gefrierschrank stellen, dabei zwischendurch einmal kräftig mit einer Gabel von außen nach innen umrühren.

Grapefruitsorbet
MIT MARACUJA

 Für 4 Portionen Einfach 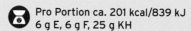 Pro Portion ca. 201 kcal/839 kJ 6 g E, 6 g F, 25 g KH 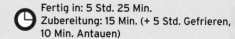 Fertig in: 5 Std. 25 Min. Zubereitung: 15 Min. (+ 5 Std. Gefrieren, 10 Min. Antauen)

ZUTATEN

2 Eiweiß (Größe L)
1 Prise Salz
1 Grapefruit (400 g)
4 Maracujas (320 g)
1 Vanilleschote
5 El Agavendicksaft
30 Haselnüsse
4 Zweige frische Minze

■ Den Rühraufsatz einsetzen. Eiweiß mit Salz in den Mixbehälter geben und mit eingesetztem Messbecher **4 Minuten/Stufe 4** steif schlagen. Den Rühraufsatz entfernen. Den Eischnee in eine große Schüssel umfüllen und beiseitestellen. Den Mixbehälter ausspülen.

■ Die Grapefruit schälen und das Fruchtfleisch grob würfeln. Die Maracujas halbieren und das kernige Fruchtfleisch mit einem Löffel herauslösen. Die Vanilleschote längs halbieren und das Mark mit der Messerrückseite herauskratzen. Zusammen mit dem Grapefruit-Fruchtfleisch, dem Maracuja-Fruchtfleisch sowie dem Agavendicksaft in den Mixbehälter geben. Mit eingesetztem Messbecher **1 Minute/ Stufe 6-9** schrittweise ansteigend fein pürieren.

■ Das Fruchtpüree zu dem Eischnee geben und vorsichtig mit einem Schneebesen unterheben. Die Masse in eine flache Schale füllen und im Gefrierfach mindestens 5 Stunden fest werden lassen, dabei zwischendurch immer wieder von außen nach innen kräftig mit einer Gabel umrühren. Den Mixbehälter reinigen.

■ Das Sorbet 10 Minuten vor dem Servieren aus dem Gefrierfach nehmen und leicht antauen lassen. In der Zwischenzeit die Haselnüsse in den Mixbehälter geben und mit eingesetztem Messbecher **6 Sekunden/Stufe 6** grob zerkleinern. Die Minze waschen, trocken schütteln und die Blättchen abzupfen. Das Sorbet mit den gehackten Haselnüssen und mit Minzblättchen garniert servieren.

Erdbeer-Nuss-Törtchen
MIT KOKOSCHIPS

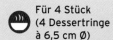 Für 4 Stück
(4 Dessertringe
à 6,5 cm Ø)

 Einfach

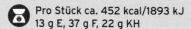 Pro Stück ca. 452 kcal/1893 kJ
13 g E, 37 g F, 22 g KH

🕐 Fertig in: 13 Std. 55 Min.; Zubereitung:
15 Min. (+ 12 Stunden Einweichen, 1 Std.
30 Min. Gefrieren, 10 Min. Antauen)

ZUTATEN

FÜR DIE ERDBEERCREME
130 g Cashewkerne
200 g Erdbeeren (TK)
40 g Xylit

FÜR DEN BODEN
60 g Mandeln
40 g Walnusskerne
1 Prise Salz
20 g Kokosöl

AUSSERDEM
10 g Kokoschips

- Die Cashewkerne mit reichlich Wasser bedecken und über Nacht einweichen lassen.

- Am nächsten Tag für den Boden die Mandeln und die Walnusskerne in den Mixbehälter geben und mit eingesetztem Messbecher **8 Sekunden/Stufe 6** grob zerkleinern. Salz und Kokosöl dazugeben und alles mit eingesetztem Messbecher **30 Sekunden/Stufe 4** gründlich miteinander vermischen.

- Den Teig auf 4 Dessert- oder Garnierringe (à 6,5 cm Ø) verteilen und jeweils leicht andrücken. Bis zur weiteren Verwendung in den Gefrierschrank stellen. Den Mixbehälter gründlich reinigen.

- Die Cashewkerne abgießen, gut abtropfen lassen und in den Mixbehälter geben. Erdbeeren und Xylit hinzufügen und alles mit eingesetztem Messbecher **30 Sekunden/Stufe 8** pürieren. Die Masse gleichmäßig auf den Nussböden verteilen und glatt streichen. Die Törtchen für 1 ½ Stunden in den Gefrierschrank stellen.

- Vor dem Servieren die Törtchen leicht antauen lassen, aus den Formen lösen und mit Kokoschips garniert servieren.

TIPP
Während der Erdbeer-saison können Sie die Törtchen natürlich auch mit frischen Früchten zubereiten.

Zitronenmousse
MIT MINZPESTO

 Für 4 Portionen   Mittel   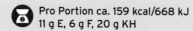 Pro Portion ca. 159 kcal/668 kJ
11 g E, 6 g F, 20 g KH   Fertig in: 1 Std. 30 Min.
Zubereitung: 30 Min. (+ 1 Std. Kühlen)

ZUTATEN

FÜR DIE MOUSSE
2 frische Eier (Größe M)
1 ½ unbehandelte Zitronen
60 g Xylit
200 g Quark (20 % Fett)

FÜR DAS MINZPESTO
20 g frische Minzblätter
10 g Agavendicksaft
1 El Zitronensaft
5 g Cashewkerne

■ Den Rühraufsatz einsetzen. Für die Mousse die Eier trennen. Das Eigelb bis zur weiteren Verwendung kalt stellen. Das Eiweiß in den Mixbehälter geben und mit eingesetztem Messbecher **4 Minuten/Stufe 4** steif schlagen. Den Eischnee umfüllen und bis zur weiteren Verwendung kalt stellen. Den Rühraufsatz entfernen und den Mixbehälter ausspülen.

■ Die Zitronen gründlich waschen und trocken reiben. Die Schale von einer Zitrone dünn abreiben, dann alle Zitronen filetieren, dabei den Saft auffangen. Die Filets, den Saft und die abgeriebene Schale zusammen mit dem Xylit in den Mixbehälter geben und ohne eingesetzten Messbecher **4 Minuten/100 °C/Stufe 1** kochen. Den Zitronensirup umfüllen. Den Mixbehälter mit kaltem Wasser ausspülen.

■ Den Rühraufsatz erneut einsetzen. Das Eigelb in den Mixbehälter geben und ohne eingesetzten Messbecher **1 Minute/Stufe 4** verrühren. Das Gerät auf **1 Minute/Stufe 2** einstellen und den Zitronensirup ohne eingesetzten Messbecher langsam durch die Deckelöffnung dazugeben. Den Rühraufsatz entfernen und den Mixbehälter gründlich reinigen.

■ Den Quark in eine Schüssel geben, vorsichtig das Eigelb-Zitronen-Gemisch unterrühren und anschließend den Eischnee vorsichtig unterheben. Die Mousse 1 Stunde kalt stellen.

■ Für das Minzpesto die Minzblätter waschen und trocken schütteln. Dann mit Agavendicksaft, Zitronensaft, Cashewkernen und 10 ml kaltem Wasser in den Mixbehälter geben. Mit eingesetztem Messbecher **8 Sekunden/Stufe 10** zerkleinern. Die Zitronenmousse mit dem Minzpesto servieren.

Einfach köstlich!

GEBÄCK

CREMIGE
Schoko-Erdnuss-Torte

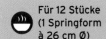 Für 12 Stücke
(1 Springform
à 26 cm Ø)

 Einfach

Pro Stück ca. 562 kcal/2355 kJ
13 g E, 53 g F, 9 g KH

Fertig in: 4 Std. 30 Min.
Zubereitung: 30 Min. (+ 4 Std. Kühlen)

ZUTATEN

FÜR DEN BODEN
50 g weiche Butter
180 g Macadamiamehl
40 g ungesüßtes Kakaopulver
30 g Erythrit

FÜR DIE FÜLLUNG
6 Blatt weiße Gelatine
230 ml Sahne (30 % Fett)
100 g Erythrit
650 g Frischkäse
 (Doppelrahmstufe)
Mark von ½ Vanilleschote
250 g cremige Erdnussbutter

FÜR DIE VERZIERUNG
30 g weiche Butter
30 g dunkle Schokolade
 (85 % Kakaoanteil)

AUSSERDEM
Butter für die Form

■ Eine Springform (26 cm Ø) gut mit Butter einfetten und den Rand mit Backpapier auslegen. Für den Boden die Butter in den Mixbehälter geben und **2 Minuten/ 37 °C/Stufe 1** schmelzen. Die restlichen Zutaten für den Boden dazugeben und alles mit eingesetztem Messbecher mit der **Teigknet-Taste** verkneten. Die flockige Masse mit dem Spatel an der Innenwand des Mixbehälters nach unten schieben, dann auf dem Boden der Springform verteilen und festdrücken. Den Mixbehälter gründlich reinigen und vollständig abkühlen lassen.

■ Für die Füllung die Gelatine nach Packungsanweisung einweichen, dann ausdrücken und in einem kleinen Topf erwärmen und auflösen. In der Zwischenzeit den Rühraufsatz einsetzen, die Sahne mit 2 TI Erythrit in den Mixbehälter geben und ohne eingesetzten Messbecher unter Sichtkontakt **4 Minuten/Stufe 3** steif schlagen. 2 El Sahne zur Gelatine geben und verrühren. Das Gerät nun auf **2 Minuten/Stufe 1** einstellen und die flüssige Gelatine ganz langsam durch die Deckelöffnung in den Mixbehälter geben. Den Rühraufsatz entfernen. Die Sahne umfüllen und beiseitestellen. Den Mixbehälter gründlich reinigen.

■ Frischkäse mit restlichem Erythrit, Vanillemark und Erdnussbutter in den Mixbehälter geben und mit eingesetztem Messbecher **1 Minute/Stufe 4** verrühren. Die Masse in eine große Schüssel umfüllen und die Sahne unterheben. Die Masse in der Springform verteilen und glatt streichen. Den Mixbehälter reinigen.

■ Für die Verzierung die Butter mit der in Stücke gebrochenen Schokolade in den Mixbehälter geben und **2 Minuten/45 °C/Stufe 1** schmelzen. Die Masse in einen Spritzbeutel mit kleiner Lochtülle geben und die Torte damit nach Belieben verzieren. Die Torte vor dem Servieren ca. 4 Stunden in den Kühlschrank stellen.

TIPP

Wenn keine Kinder mitessen, können Sie statt der Milch auch 2 El Cognac in den Teig geben.

Nussküchlein
IM GLAS

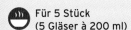 Für 5 Stück
(5 Gläser à 200 ml)

 Einfach

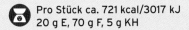 Pro Stück ca. 721 kcal/3017 kJ
20 g E, 70 g F, 5 g KH

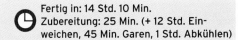 Fertig in: 14 Std. 10 Min.
Zubereitung: 25 Min. (+ 12 Std. Ein-
weichen, 45 Min. Garen, 1 Std. Abkühlen)

ZUTATEN

40 Haselnusskerne
6 Eier (Größe M)
1 Prise Salz
120 g weiche Butter
110 g Erythrit
2 El Milch (Frischmilch,
  3,5 % Fett)
300 g gemahlene Haselnüsse
½ P. Weinstein-Backpulver

AUSSERDEM

Butter und gemahlene Haselnüsse für die Gläser
Puder-Erythrit zum Bestäuben

■ Die Haselnüsse über Nacht in Wasser einweichen. Am nächsten Tag gut abtropfen lassen, in den Mixbehälter geben und mit eingesetztem Messbecher **5 Sekunden/Stufe 8** grob zerkleinern. Umfüllen und den Mixbehälter kalt ausspülen.

■ 5 hitzebeständige Gläser à 200 ml gut mit Butter einfetten und mit gemahlenen Haselnüssen ausstreuen. Den Rühraufsatz einsetzen. Die Eier trennen. Das Eiweiß mit dem Salz in den Mixbehälter geben und mit eingesetztem Messbecher **4 Minuten/Stufe 4** steif schlagen, dann in eine große Schüssel umfüllen und bis zur weiteren Verwendung kalt stellen. Den Rühraufsatz entfernen und den Mixbehälter ausspülen.

■ Eigelb, Butter, Erythrit, Milch, gemahlene Haselnüsse und Backpulver in den Mixbehälter geben und alles mit eingesetztem Messbecher **1 Minute/Stufe 5** glatt verrühren. Die beiseitegestellten Haselnüsse dazugeben und mit eingesetztem Messbecher **20 Sekunden/Stufe 4** unterrühren. Den Eischnee vorsichtig von Hand mithilfe des Spatels unterheben.

■ Den Teig auf die vorbereiteten Gläser verteilen, dabei die Gläser nicht mehr als zu drei Viertel füllen. Die Gläser jeweils mit Frischhaltefolie abdecken, dabei darauf achten, dass die Folie stramm um die Gläser sitzt (ggf. mit einem Haushaltsgummi fixieren, damit kein Wasserdampf auf die Küchlein tropfen kann). Die Gläser im tiefen Dampfgaraufsatz verteilen (damit der Dampf besser zirkulieren kann, ggf. Plätzchenausstecher unter die Gläser legen).

■ Den Mixbehälter gründlich reinigen, dann 1 Liter Wasser hineinfüllen. Den Dampfgaraufsatz auf den Mixbehälter setzen und verschließen. Die Küchlein mit der **Dampfgar-Taste/45 Minuten** garen. Mit einem Holzspießchen eine Stäbchenprobe durchführen und die Backzeit gegebenenfalls verlängern. Den Dampfgaraufsatz abnehmen, die Frischhaltefolie von den Gläsern entfernen und die Küchlein in den Gläsern auskühlen lassen. Im Glas oder gestürzt mit Puder-Erythrit bestäubt servieren.

VERSUNKENER
Apfelkuchen

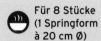 Für 8 Stücke
(1 Springform
à 20 cm Ø)

 Einfach

Pro Stück ca. 504 kcal/2108 kJ
21 g E, 40 g F, 15 g KH

Fertig in: 1 Std. 50 Min.
Zubereitung: 15 Min. (+ 35 Min. Backen,
1 Std. Abkühlen)

ZUTATEN

30 g geschälte Mandeln
20 g Butter
4 Eier (Größe L)
50 g Erythrit
200 g gemahlene Mandeln
¼ Tl Weinstein-Backpulver
1 Tl Zimt
1 Prise Salz
2 große Äpfel (Boskop, 300 g)

AUSSERDEM

Butter für die Form
Puder-Erythrit zum Bestäuben

■ Den Backofen auf 175 °C vorheizen. Eine Springform (20 cm Ø) gut einfetten. Die Mandeln in den Mixbehälter geben und mit eingesetztem Messbecher **10 Sekunden/Stufe 6** grob zerkleinern. Umfüllen und beiseitestellen.

■ Die Butter in den Mixbehälter geben und mit eingesetztem Messbecher **3 Minuten/70 °C/Stufe 2** zerlassen. Eier, Erythrit, gemahlene Mandeln, Backpulver, Zimt und Salz dazugeben und alles mit eingesetztem Messbecher **30 Sekunden/Stufe 4** zu einem glatten Teig verrühren. Den Teig in die Springform geben und glatt streichen.

■ Die Äpfel waschen, schälen, vom Kerngehäuse befreien und in Spalten schneiden. Die Apfelspalten in den Teig drücken. Die gehackten Mandeln darüberstreuen.

■ Den Kuchen 15 Minuten backen, dann mit einem Stück Backpapier abdecken und weitere 20 Minuten backen. Mit einem Holzspießchen eine Stäbchenprobe durchführen und die Backzeit gegebenenfalls verlängern. Den Kuchen herausnehmen, den Springformrand vorsichtig lösen und den Kuchen vollständig auskühlen lassen. Mit Puder-Erythrit bestäubt servieren.

VERFÜHRERISCHE
Brombeer-Cupcakes

 Für 12 Stück   Einfach Pro Stück ca. 232 kcal/974 kJ
3 g E, 22 g F, 8 g KH Fertig in: 1 Std. 30 Min.
Zubereitung: 15 Min. (+ 15 Min. Backen,
1 Std. Kühlen)

ZUTATEN

FÜR DEN TEIG

12 Brombeeren
120 g Butter
60 g Birkenzucker
1 Prise Salz
2 Eier (Größe L)
120 g Haselnussmehl
½ Tl Weinstein-Backpulver

FÜR DIE CREME

150 g Brombeeren
100 ml Sahne (30 % Fett)
2 Tl Birkenzucker
Mark von 1 Vanilleschote
50 g Butter

AUSSERDEM

Butter und gemahlene Haselnüsse für das Muffinblech
12 Brombeeren

■ Den Backofen auf 180 °C vorheizen. Die Mulden eines Muffinblechs einfetten und mit gemahlenen Haselnüssen ausstreuen. Für den Teig die Brombeeren waschen, verlesen und vorsichtig trocken tupfen. Butter, Birkenzucker und Salz in den Mixbehälter geben und mit eingesetztem Messbecher **1 Minute/Stufe 4** verrühren, bis die Kristalle gelöst sind. Mit dem Spatel an der Innenwand des Mixbehälters nach unten schieben. Eier, Haselnussmehl und Backpulver dazugeben und alles mit eingesetztem Messbecher **1 Minute/Stufe 4** zu einem glatten Teig verrühren. Den Teig in die Mulden des Muffinblechs füllen und jeweils 1 Brombeere in jeden Muffin drücken. Die Muffins 15 Minuten backen. Mit einem Holzspießchen eine Stäbchenprobe durchführen und die Backzeit gegebenenfalls verlängern. Die Muffins herausnehmen, aus der Form stürzen und auf einem Kuchengitter vollständig auskühlen lassen.

■ In der Zwischenzeit die Creme zubereiten. Dazu die Brombeeren waschen, verlesen und vorsichtig trocken tupfen. Den Mixbehälter gründlich reinigen, die Brombeeren hineingeben und mit eingesetztem Messbecher **20 Sekunden/Stufe 6** pürieren, dann durch ein Sieb in eine Schüssel streichen. Den Mixbehälter ausspülen.

■ Sahne, Birkenzucker und Vanillemark in den Mixbehälter geben und mit eingesetztem Messbecher **5 Minuten/100 °C/Stufe 3** kochen. Brombeerpüree und Butter dazugeben und alles mit eingesetztem Messbecher **30 Sekunden/Stufe 4** verrühren. Die Creme umfüllen und 60 Minuten im Kühlschrank fest werden lassen, dann in einen Spritzbeutel geben und dekorativ auf die Muffins spritzen. Die Brombeeren zum Garnieren waschen, verlesen und vorsichtig trocken tupfen. Jeden Cupcake mit einer Brombeere garnieren.

Blaubeer-Cheesecake
OHNE BODEN

 Für 12 Stücke   Einfach   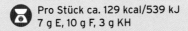 Pro Stück ca. 129 kcal/539 kJ
7 g E, 10 g F, 3 g KH   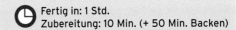 Fertig in: 1 Std.
Zubereitung: 10 Min. (+ 50 Min. Backen)

ZUTATEN

200 g Blaubeeren
2 Eier (Größe M)
1 Prise Salz
250 g Magerquark (0,1 % Fett)
250 g Frischkäse
  (Doppelrahmstufe)
80 g Birkenzucker
Mark von 1 Vanilleschote
1 Spritzer Zitronensaft
2 g Johannisbrotkernmehl
3 El Mandelmehl

AUSSERDEM

Butter für die Form
Puder-Birkenzucker nach
  Belieben

■ Den Backofen auf 160 °C vorheizen. Eine Springform (24 cm Ø) gut einfetten. Die Blaubeeren waschen, verlesen und trocken tupfen.

■ Die Eier trennen. Das Eigelb bis zur weiteren Verwendung beiseitestellen. Den Rühraufsatz einsetzen. Das Eiweiß mit dem Salz in den Mixbehälter geben und mit eingesetztem Messbecher **4 Minuten/Stufe 4** steif schlagen. Den Rühraufsatz entfernen, den Eischnee umfüllen und bis zur weiteren Verwendung kalt stellen. Den Mixbehälter ausspülen.

■ Eigelb, Quark, Frischkäse, Birkenzucker, Vanillemark und Zitronensaft in den Mixbehälter geben und mit eingesetztem Messbecher **30 Sekunden/Stufe 4** verrühren. Johannisbrotkernmehl und Mandelmehl dazugeben und alles mit eingesetztem Messbecher **15 Sekunden/Stufe 4** verrühren. Die Masse in eine große Schüssel umfüllen und den Eischnee sowie die Blaubeeren unterheben.

■ Den Teig in die Form geben, glatt streichen und den Kuchen 50 Minuten backen. Mit einem Holzspießchen eine Stäbchenprobe durchführen und die Backzeit gegebenenfalls verlängern. Den Kuchen herausnehmen, in der Form auskühlen lassen, dann vorsichtig aus der Form lösen. Mit Puder-Birkenzucker bestäubt servieren.

SCHOKO-NUSS-
Brownies

 Für 10 Stück
(Backform à
20 x 20 cm)

 Einfach

Pro Stück ca. 324 kcal/1356 kJ
6 g E, 29 g F, 11 g KH

Fertig in: 45 Min.
Zubereitung: 15 Min. (+ 20 Min. Backen,
10 Min. Abkühlen)

ZUTATEN

50 g Haselnusskerne
180 g dunkle Schokolade
   (85 % Kakaoanteil)
150 g Butter
3 Eier (Größe M)
220 g Erythrit
100 g Mandelmehl
½ P. Weinstein-Backpulver
1 Prise Salz

AUSSERDEM

Butter für die Form
Puder-Erythrit zum Bestäuben

■ Den Backofen auf 180 °C vorheizen. Eine Brownieform oder einen Backrahmen (20 x 20 cm) gut einfetten. Die Haselnüsse in den Mixbehälter geben und mit eingesetztem Messbecher mit der **Turbo-Taste/3 Sekunden** grob zerkleinern, dann ohne eingesetzten Messbecher mit der **Anbrat-Taste/5 Minuten** rösten. Die Haselnüsse umfüllen und den Mixbehälter auswischen.

■ Die Schokolade in grobe Stücke teilen, mit der Butter in den Mixbehälter geben und mit eingesetztem Messbecher **4 Minuten/65 °C/Stufe 3** schmelzen. 10 Minuten abkühlen lassen, dann Eier, Erythrit, Mandelmehl, Backpulver und Salz dazugeben und alles mit eingesetztem Messbecher **2 Minuten 30 Sekunden/Stufe 4** verrühren. Die Haselnüsse dazugeben und mit eingesetztem Messbecher mit **Linkslauf/30 Sekunden/Stufe 3** unterrühren.

■ Den Teig in die Form geben, glatt streichen und 20 Minuten backen. Mit einem Holzspießchen eine Stäbchenprobe durchführen und die Backzeit gegebenenfalls verlängern. Den Kuchen herausnehmen, auf ein Kuchengitter stürzen und auskühlen lassen. Nach dem Auskühlen in Stücke schneiden und mit Puder-Erythrit bestäubt servieren.

Low-Carb-Brot
MIT LEINSAMEN

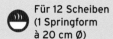 Für 12 Scheiben
(1 Springform
à 20 cm Ø)

 Einfach

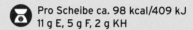 Pro Scheibe ca. 98 kcal/409 kJ
11 g E, 5 g F, 2 g KH

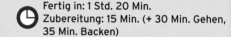 Fertig in: 1 Std. 20 Min.
Zubereitung: 15 Min. (+ 30 Min. Gehen,
35 Min. Backen)

ZUTATEN

10 g frische Hefe
50 g geschrotete Leinsamen
40 g Sojamehl
120 g Gluten
1 Ei (Größe M)
1 El zimmerwarme Butter
50 ml Sahne (30 % Fett)
1 Prise Salz
1 Tl Brotgewürz

AUSSERDEM
Sojamehl für die Arbeitsfläche
Fett für die Form

■ Die Hefe zerbröckeln, dann mit 40 ml lauwarmem Wasser in den Mixbehälter geben und mit eingesetztem Messbecher **1 Minute/37 °C/Stufe 2** erwärmen. Geschrotete Leinsamen, Sojamehl, Gluten, Ei, Butter, Sahne, Salz und Brotgewürz dazugeben und alles mit eingesetztem Messbecher mit der **Teigknet-Taste** verkneten.

■ Etwas Sojamehl auf der Arbeitsfläche verteilen und den bröckeligen Teig darauf mit den Händen gut durchkneten, dann abgedeckt an einem warmen Ort 30 Minuten gehen lassen.

■ Den Backofen auf 180 °C vorheizen. Eine Springform (20 cm Ø) einfetten. Den Teig noch einmal durchkneten, dann gleichmäßig in der Form verteilen. Das Brot 35 Minuten backen. Mit einem Holzspießchen eine Stäbchenprobe durchführen und die Backzeit gegebenenfalls verlängern. Anschließend das Brot herausnehmen und auf einem Kuchengitter abkühlen lassen.

REZEPTVERZEICHNIS